실전코칭 1

누구나 할 수 있는
코칭 대화 모델

GROW-candy 모델의 이해와 활용

ⓒ 2018 김상복, 한국코칭수퍼비전아카데미
이 책의 저작권은 저자와 한국코칭수퍼비전아카데미에 있습니다.
책 내용의 일부 또는 전부를 재사용하려면 반드시 저자와 출판사 양측의 서면동의
를 받아야 합니다.

코칭 A to Z
001

실전코칭 1

누구나 할 수 있는
코칭 대화 모델

개정판

GROW-candy 모델의 이해와 활용

김상복 지음

코칭북스

목 차

개정판 저자 서문 ······ 8
시작하면서 ······ 13

제1장. GROW 대화 모델의 이해
  1. 일반 대화와 코칭 대화 ······ 19
  2. 코칭 프로세스와 코칭 대화 모델 ······ 25
  3. GROW 모델의 기초 ······ 29
  4. GROW 모델에 근거한 간단한 변주와 활용 ······ 39
  5. GROW 모델과 대화의 유연성 ······ 51

제2장. GROW-candy 모델의 이해
  1. 목표의 세분화 ······ 59
  2. 충분한 현실 점검 ······ 83
  3. 다양한 선택(Options) ······ 105
  4. 풍부한 실천 ······ 125
    ■ 부록: 코칭 대화 축어록 ······ 149

제3장. GROW-candy 모델의 다양한 활용
  1. 목표 설정과 관련한 활용 ······ 159
  2. 실행 점검을 위한 응용 ······ 167
    ■ 부록: 실행 과제 행동 설계를 위한 코칭 대화 ······ 179
    ■ 부록: 실행 과제 성찰을 위한 코칭 대화 ······ 185

3. 자원 탐색과 잠재력 실현 ······ 193

　4. 현실 상황 점검과 관련한 다양한 4분면 응용 ······ 209

　　■ SWOT 4분면 ······ 210

　　■ 중요함과 긴급함 구별 4분면 ······ 212

　　■ 켄 윌버 4분면 ······ 213

　　■ 데카르트 4분면 ······ 215

　　■ 가치 점검 4분면 ······ 216

　　■ 조하리의 창 4분면 ······ 219

　　■ 터-틀-틈-탓 4분면 ······ 221

제4장. 실전 코칭과 GROW-candy 모델

　1. 여정을 함께 걷는 발걸음 ······ 225

　2. 코칭 세션에 꼭 있어야 할 두 가지 ······ 233
　　 : 목표 설정과 실행 계획

　3. 목표 설정의 첫 걸음이 어려운 경우 ······ 237

　4. 어려운 목표에 대한 세분화 작업 ······ 247

　5. 목표 재조정과 재설정 ······ 255

　6. 현실 살펴보기와 자원 발굴 ······ 259

　7. 다양한 선택에 활용되는 주술 바퀴의 비밀 ······ 267

　8. 실행을 둘러싼 어려움 ······ 273

글을 마치며 ······ 283

참고 문헌 ······ 285

색인 ······ 287

발행사 ······ 291

저자 소개 ······ 294

그림 목차

1.1 GROW 각 단계의 의미 …… 31
1.2 GROW의 다양한 변형 …… 40
1.3 코칭 대화 GAP 모델 …… 44
1.4 GAPS 코칭 대화 모델 …… 47
1.5 GROW 모델의 다양성 …… 51
2.1 GROW-candy 모델 …… 59
2.2 세션 목표 세분화와 상호 합의 …… 69
2.3 충분한 현실 점검 …… 83
2.4 고객이 갖고 있는 네 개의 세계 …… 86
2.5 성찰 대화를 위한 네 가지 관점 …… 93
2.6 다양한 선택 …… 105
2.7 여덟 가지 실행 방안 작업 …… 113
2.8 실행 한 가지 선택 …… 125
2.9 네 가지 결정 포인트 …… 127
2.10 실행 성찰과 세션 목표 재조정 …… 135
3.1 GROW-candy 모델과 목표 실행 활용 …… 159
3.2 GROW-candy 모델 2. 실행을 위한 스타 대화 모델 …… 169
3.3 행동 설정을 위한 다섯 가지 방침 …… 171
3.4 고객의 실행 다루기와 대처 4분면 …… 173
3.5 실행 과제 성찰을 위한 다섯 가지 방침 …… 174
3.6 오늘날 코칭의 근원 …… 194
3.7 성공 경험 재정의 4분면 …… 199
3.8 실패와 고난 점검 4분면 …… 200

3.9 고객 자원 발굴을 위한 세 영역 ······ 205
3.10 현실 점검을 위한 4분면 응용 ······ 209
3.11 SWOT 4분면 ······ 210
3.12 중요함과 긴급함 구별 4분면 ······ 212
3.13 켄 윌버 4분면 ······ 213
3.14 데카르트 4분면 ······ 215
3.15 가치 점검 4분면 ······ 216
3.16 조하리의 창 4분면 ······ 219
3.17 터-틀-틈-탓 4분면 ······ 221
4.1 코칭 계약과 코칭 목표 ······ 225
4.2 세션 목표와 실행 과제 ······ 233
4.3 라이프 밸런스 휠 활용에 의한 목표 설정 ······ 239
4.4 코칭 목표와 세션 목표 다루기 ······ 240
4.5 코칭 아젠다와 목표 세분화 ······ 247
4.6 어려운 세션 목표와 코치의 대응 ······ 248
4.7 세션 목표의 재조정 ······ 255
4.8 목표 재설정을 위한 탐색 ······ 256
4.9 주술 바퀴와 상징 ······ 270
4.10 여덟 가지 접근 지점 ······ 270

표 목차

1.1 간단한 GROW 질문의 예 ······ 32
1.2 팀 미팅에서 GROW 대화 모델 활용 ······ 36

개정판 저자 서문

누구나 할 수 있는 **코칭 대화 모델**
: GROW-candy 모델의 이해와 활용

개정판을 마치고.

2018년 출판한 책을 6년째 되는 해 개정하여 다시 출판하게 되어 기쁘다. 지금 살펴보면 아쉬운 점이 많지만, 이 책으로 코칭 입문의 시기를 걸어 온 독자들을 위해 내용 변화는 최소한으로 한정했다. 욕심이 끝이 없지만 새로운 생각은 새로운 책에 담는 것이 필요하다. 다만 책 크기와 디자인을 손보고, '실전 코칭' 시리즈 첫 책으로 묶었다. 이후 실전 코칭에 필요한 새로운 내용은 이어지는 다른 책에서 소개할 계획이다.

실전에서 만나는 고객은 인증 자격 취득 과정에서 접하는 자유 대련 대상과 전혀 다르다. 또 코치가 실제 고객과 어떻게 관계하는가에 따라 내용의 수준, 속도, 전개 방식, 결과는 천차만별이다. 분명한 점은 '코치의 한계가 코칭의 한계를 결정한다'는 점이다. 또 코치가 자신이 방금 한 코칭 회기를 마치면서 즉시 얼마나 깊이 성찰하는가에 따라, 이어서 시간이 지나며 새롭게 다가오는 성찰 지점을 깊이 다루는 작업은 그 코칭의 행로와 성과를 좌우한다. 이런 점에서 코치 생활은 곧 성찰 생활이어야 하며, 윤리적 코치는 곧 성찰 유무와 깊이에 달려 있다.

코치 배움의 결정적인 내용과 질은 고객과의 코칭 관계 안에서 고객의 반응에 대한 코치 자신의 역전이 반응을 알아차리고 성찰함으로 만들어진다. 코치는 자신의 역전이 반응을 통해 자신도 모르는, 결코 볼 수 없는 자신의 감춰진 모습을 보게 된다. 물론 더 깊은 곳은 코치 자신을 위한 코칭 관계, 즉 수퍼비전 관계 안에서나 가능하다. 특히 '관계 안에서의 경험'을 새로운 앎, 즉 임상-앎으로 발효해 내고 새롭게 구성하기 위해서는 수퍼비전 관계는 필수적이다. 이유는 실전 코칭은 단순한 스킬이나 역량 이상의 것이 주된 측면이기 때문이다.

이 책은 코칭 대화의 기초인 '구조화 대화'에서 실전 코칭에 대응하기 위한 '반구조화 대화'까지를 감당한다. 처음부터 꼼꼼히 점검하며 자신이 **이미 알고 있는 것**에 머물지 말고, 이해하려 매달리는 시간에 내용을 접하며 자신에게 떠오르는 **새로운 연상**에 주목하며 차곡차곡 숙독하기를 권한다. 그림으로 정리된 내용을 이미지로 기억하고, 제시된 문어체 질문을 자기에게 맞는 구어체로 바꿔보자. 각각의 질문에 톤, 속도, 눈빛, 표정 주름을 가미하며 재즈 연주하듯 읊조려 보길 권한다. 자유대련에 활용하고자 한다면 실수를 반복하며 자기 나름의 연주를 들려주자. 연주자의 연습 시간에 나오는 음악은 옆에서 듣기 고통스럽다. 그런데도 연주자는 구간 반복을 계속한다. 역설적이지만 이 책의 활용은 구간 반복과 연습에서 실수를 경험하는 것에 있다. 그래야 자기 것이 되기 때문이다. 그 이후에 필요한 것이 개인 맞춤, 대화 순간에 적절히 조응하는 미세 기술을 위한 조종/조정 작업이다.

 코칭의 관건은 실전에서 뚜렷한 성과와 자기만의 독특함이다. 고객별 개별 맞춤과 최적의 서비스를 통한 **코칭의 재구매**와 코치가 자기 코칭을 가늠할 수 있는 척도이다. 자신의 코칭을 '판매할 수 있는 코칭'으로 벼려내는 '과정'에서 진정한 코치-되기의 경계를 넘어야 가능한 일이다.

 [1]인증 취득을 위한 반복적인 버디 코칭으로 자기 코칭을 시험-틀에 가둬버리게 되면 안 된다. 이른바 '독이 든 양분'이기에 해독 과정이 불가피하다. [2]많은 자격증이 장롱면허처럼 묻히거나, 코치는 넘쳐나 소개하고 어디에도 연결할 수 없는 초콜릿 전사와 같

은 초콜릿 코치chocolate coach로 세월을 보내서도 안 된다. ③코치 양성과 훈련 시장에 동원되는 먹이 사슬에서도 과감히 탈출해야 한다. ④자기 문제 해결을 코칭 교육생에 머물며 돌려막고 코칭 문화권에 체류하고 있다면 이런 길은 너무 돌아가는 길이다. ⑤2학년 되자마자 돌아서서 1학년을 가리키거나 안내하는 식의 교육 활동, 입시학원 풍의 족집게 자랑 활동은 멀지 않아 스스로 부끄러움을 갖게 될 것이다. 이제 이곳저곳 방문하며 실험하듯 반복하는 훈련도 과감히 멈춰야 한다. 오늘날 이런 모든 현상에 책임을 면할 코치가 어디 있겠는가. 필자 역시 책임이 없다고 변명할 수는 없다. 이 책은 많은 책임을 자임하고 속죄하는 성찰 기록의 첫 장이며 실전 코칭 시리즈는 지속적 성찰 과정이 될 것이다.

자격을 취득했으면 최소한 난간을 붙들고라도 **경계**에 서야 한다. 자기 불안 뒤에 있는 진정한 목소리를 들어야 하고, 한 번도 써보지 않은 자기 잠재력을 볼 수 있어야 하고, 끝내 이를 꺼낼 수 있어야 한다. 그래야 난관을 놓을 수 있고 경계 너머로 뛰어내릴 수 있다. 이런 '믿음의 도약'을 할 수 있다는 확인이 곧 타인이 확인해 준 손에 쥔 **인증 자격**이다. 이때 오로지 자기 성찰과 관계 안에서의 성찰이 코치-되기, 경계 넘기의 길을 안내해 줄 것이다.

이런 코치-되기는 콘텐츠를 외부에 의존하는 코치가 아니라 스스로 만들어 내는 코치, 북 치며 행진하듯 코칭-하기와 코칭-생산하기를 동시에 하는 코치의 길이다. 이런 코치는 사사로움이 아닌

의로움에 서고, 언제나 초심자로 그 누구와도 동행이 가능한 훈훈한 코치일 것이다. 그리하여 코치는 도리道理에 따라 운신運身하고 도움을 위해 처세處世하는 상생의 연결망이 되고, '삼천리 방방곡곡, 바위 틈틈이, 모래 짬짬' 코칭의 깃발과 에너지가 흐르는 핏줄의 그물코가 된다. 코칭-하기는 곧 개인을 살리는 일을 넘어 세상을 구제하는 길을 만들어 낸다. '생명 돌봄과 세상 구제로서의 코칭'이며 바로 이것이 실전 코칭이다.

개정판을 준비하게 도와준 많은 코치들에게 감사의 마음을 전한다. 특히 나 자신을 지속해서 채찍질하고 새로운 배움으로 이끌어 주는 수퍼바이지 코치들에게 뜨거운 동지애를 갖는다. 모두 곁에서 걷는 스승들이다. 내 발걸음의 어지러움이 덜한 것은 모두 이들 때문이다.

2024년 3월
봄을 기다리는 길목에서
코치 김상복

 시작하면서

GROW-candy 모델은 GROW 대화 모델을 이미지로 나타낸 것이다. 코칭 대화 모델 가운데 GROW 모델은 코치들에게는 익숙하고 일상적으로 자주 접하는 모델이다. 우리는 코칭 입문과 훈련 과정에서 여러 가지 대화 모델을 배운다. 그렇지만 코칭 대화에서 이를 얼마나 활용하는지는 의문이다. 코치들이 주로 어떤 대화 모델을 활용하는지에 대한 연구가 없어 정확하게 알기는 어렵다. 그렇지만 GROW 모델은 가장 일반적이고 기초적인 대화 모델로 자리잡고 널리 활용되어 왔다(Palmer & Whybrow, 2019). 그 이유는 대화 구조가 간단할 뿐 아니라 코칭 대화의 특성을 잘 드러내고 있고, 이를 근거로 고객과 상황에 맞게 자유로이 변주와 변형이 가능하기 때문이다. 이를테면 처음 코칭 훈련을 하는 사람들도 기본 구조를 쉽게

익힐 수 있으며, 점차 익숙해 지면 필요한 만큼 자유로이 응용과 변화를 줄 수 있기 때문이다. 또 코칭 초기에는 '구조화'된 대화로 시작하지만 점차 상황과 사람, 주제에 맞게 반# 구조화되어 변형된 대화로 누구든 쉽게 변주가 가능하다.

코칭 대화는 고객이 대화의 중심이고 주인공이며, 발화發話의 주체이다. 코치는 고객의 내러티브에 동참하고 함께 새로운 내러티브를 창조한다. 두 사람의 대화는 오히려 자유롭게 아무런 형식이 없는 비구조화된 이야기로 전개되는 것이 자연스럽다.

코치와 고객/코치이coachee 두 사람이 하나의 쌍dyad이 되어 만들어 내는 '비구조화된 이야기' 구성물을 다루는 코칭 대화를 자세하게 논의하는 것은 이 작업의 주제를 벗어난 영역이다(참조: 실천 코칭 3. 실전 코칭 운영과 코칭 스킬).

여기서는 GROW 모델을 활용해 구조화된 대화에서 출발하고, 이를 사람과 상황에 맞게 다양하게 응용하는 반 구조화 대화에 한정해 검토한다.

먼저 GROW 모델의 기본을 이해하고, 이를 이미지로 나타낸 GROW-candy 모델로 설명을 확대한다. 고객과 다룰 주제와 관련해 GROW-candy 모델을 하나의 검안용 안경테trial frame로 보고 렌즈를 다양하게 바꾸는 것이다. 이런 안내는 코칭 대화 모델의 활용도를 높이고 코칭 대화의 다양한 발전 가능성을 연상할 수 있게 한다. 물론 변형의 끝은 반 구조화된 코칭 대화를 넘어, 비구조화 대화의 경계까지 확대 가능하다. 그쯤 되면 아마 이런 경계도 별 의미가 없어지고, 오직 자연스런 코칭 대화만 남는다.

이 글의 목적은 초보코치, 훈련코치들이 전문코치로 성장하는 길 안내를 겸한다. 누구든 이 대화 모델로 코칭 대화를 시작하고, 나중에는 자기 개성과 견해에 근거한 자유로운 코칭 대화에 도달했으면 한다. 이미지로 이해한 GROW-candy 모델을 활용해 자유롭게 질문을 연상해낼 수 있기를 기대한다.

처음 코칭 대화를 연습할 때부터 필요한 질문을 외우려는 모습을 본다. 하지만 실제 고객과 대화에서 언제나 통용되는 질문 문장이란 없다. 똑같은 문장이라도 ①질문+톤$_{ton}$, ②질문+몸짓언어, ③질문+표정 주름, ④질문+눈빛 등이 어떻게 추가되는가에 따라 질문의 의미는 수시로 바뀐다.

또 고객이 코치의 질문을 어떻게 받는가에 따라 질문의 맥락적 의미도 달라진다. 그렇기 때문에 훈련 단계부터 코칭 대화 모델 관련 이미지만을 지니고 상황과 맥락에 따라 질문을 자유로이 연상하는 노력이 코칭 대화 모델에 익숙해지는 지름길이다. 이렇게 시작하면 누구는 코칭 대화 모델로 자유로이 대화를 이끌어 갈 수 있다. 나중에는 이 모델을 더 깊이 이해하며 음미하듯 응용하게 될 것이다.

첫 걸음을 GROW-candy 모델로 시작하자. 마치 무예의 첫 걸음에 필요한 기본 동작을 배우듯 쉽게 길을 찾아 들어설 수 있다. 물론 나중에는 기본 동작을 자유로이 변형하고 점차 모델 자체에서 벗어날 수 있다. 그렇지만 무예의 고수는 자기 무예의 깊이와 폭을 간단한 몇 가지 기본 동작에 담고, 그 기본 동작에 깊이 취하는 것만으로도 평정심에 들어가듯 이 모델도 그런 기본 동작과 같다.

제1장
GROW 대화 모델의 이해

GROW – candy model

 **1. 일반 대화와 코칭 대화**

우리 코칭 대화해볼까요?

일반 대화와 코칭 대화는 어떤 차이가 있을까? 일반 대화에 대해서는 별도로 언급할 내용이 없다. 우리가 하는 모든 대화가 그것이다. 반면에 코칭 대화는 일반 대화와 구별된다. 무엇보다 코칭 대화는 ①**고객 중심 대화**이다. 두 사람이 이야기하더라도 고객이 중심이며, 그렇게 대화하도록 기회를 제공하는 것이 코칭 대화이다. 코칭 대화는 코치의 판단, 조언과 충고, 지시가 결코 중요하지 않으며 철저히 배제된다.

　코칭 대화는 ②**목적이 있는 대화**다. 고객은 코칭을 구매하고, 코지를 고용한다. 전문코치는 판매 가능한salable 코칭을 준비해야 할 뿐만 아니라, 누구에게라도 필요하면 코칭 대화를 요청하고shall we talk? ③**서로 합의한 후 대화**한다. 그렇기 때문에 코칭 대화는 목적이 있고 ④**결과를 얻기 위한 대화**이다. 목적과 결과가 중요하지 않고, 상호 합의 없이도 가능한 자유로운 일반 대화와 다르다.

그렇다면 코칭 대화를 통해 두 사람이 얻고자 하는 결과는 무엇인가? 코칭 대화는 **변화**를 위한 고객의 **실천** 결과와 두 사람의 **성찰/통찰**이라는 결과를 얻는다. 이를 위해 코치는 언제나 최선의 노력을 다하며, 상대와 필요한 작업동맹working alliance을 구축한다. 오직 자기 나름대로 대화하고 필요한 만큼 노력해도 되는 일반 대화와 다르다.

코칭 대화의 또 다른 특성은 서로 합의한 **구매-판매 관계**로 출발한다는 점이다. 그렇지만 두 사람의 힘/권력 관계는 등가等價적 **연대 관계**이며, ⑤**상호 협력적이고 수평적** 파트너십을 지향하는 대화이다. 이것이 흔들리면 코칭 대화-코칭 관계 전체가 흔들리고, 대화 성격이 변질될 뿐만 아니라 대화의 질적 수준이 떨어진다.

코치 스스로 일반 대화와 코칭 대화를 구별하기 위해서는 무엇이 필요한가? 가족이나 친구, 직장에서 코칭 대화를 원하면 일상적인 대화와 코칭 대화를 다르게 진행하는 것이 중요하다. 상대와 코칭 대화를 한다면 상대방도 일반 대화와 다른 코칭 대화로 인정할 수 있을 만큼 어떤 특징을 경험하게 해야 한다.

먼저 위와 같은 '이중 관계' 안에서 코칭 대화를 하기 위해서는 ①**코칭 대화를 제안하고 합의하는 단계**가 필요하다. 그렇지 않고 슬그머니 코칭식 질문을 던진다면 당연히 저항에 직면하기 십상이다.

☐☐ Q. 우리 코칭 대화해볼까요?
☐☐ Q. 자네가 제기한 주제와 상황은 코칭 대화가 필요한 것으로 보이는데 어떤가?
☐☐ Q. 내가 요즘 코칭을 배우고 훈련 중인데 혹시 나와 코칭 대화를 해볼래요?

②코칭 대화를 기회로 판단, 조언과 충고, 지시 등을 드러내서는 안 되고, 당연히 말투와 분위기로도 이런 의도를 띠면 더욱 안 된다. 평소 이들과의 일반 대화에는 이런 의도 섞인 말들이 중심을 이루고 있다. 코칭 대화는 저마다 자기 이야기를 한다거나, 공통점만을 확인하며 대화를 주고받는 우호적인 일반 대화와도 매우 다르다.

코칭 대화는 ③투수와 포수처럼 공을 주고받듯 질문과 대답을 중심으로 대화한다. 물론 이때 공을 받는 포수가 코치는 아니다. 처음에는 '선先 질문 후後 경청'으로 시작하지만 어느덧 상대도 모르게 '선 경청, 후 질문'으로 패턴이 바뀌는 게 자연스럽다. 그렇지 않으면 상대는 오직 질문에 대답하는 '부드러운 인터뷰'와 코칭 대화를 명확하게 구별해서 체험하기 어려울 것이다. ④코칭은 상대와 대화를 통해 드러나는 새로운 사실과 내용을 적극 지지/지원하고 응원하시반, 무엇보다도 말꼬리나 말머리를 잡으리고 다투지 않고, 상대의 말에 자기를 내세우지 않는다. 이런 다툼은 코치가 상대가 하는 **말의 흐름에 영향**을 크게 주기 때문이다.

코칭 대화가 끝났을 때 두 사람의 대화 양이 2:8 정도로 상대가 더 많을수록 좋다. 가장 두드러진 결과는 ⑤어떤 구조화, 공식화 된 대화 패턴을 상대가 경험하게 된다. 대화 모델을 따라 진행하기 때문에 경우에 따라서는 조금 생소한 질문을 접하지만 그건 대화 모델의 여파이다. 이는 어떤 주제로 대화하더라도 자신이 그동안 생각하거나 분석했던 방식이 아닌 질문에 응답하며 따라가다 보면 생소한 대화 흐름을 경험한다. 이를 반복하면 새로운 패턴에 익숙해진다. 종국에는 여러 가지 모델을 경험한다거나, 반복 체험이 깊어지면 내면의 코치inner coach가 자라게 된다.

☐☐ Q. 대화를 통해 새롭게 얻은 것/알게된 것이 있다면 무엇인가요?
☐☐ Q. 대화해보니 어떤 느낌/생각이 드나요?
☐☐ Q. 대화해보니 새롭게 실행하고 싶은 것이 있다면 무엇인가요?

가족, 친구, 직장 동료들과의 코칭 관계는 1차 관계를 맺고 난 후 코칭 관계라는 2차 관계를 맺는 이중 관계이다. 아쉽지만 이런 코칭 관계는 적절하지 않다. 일대일 코칭 발전에 지대한 기여를 해 코칭의 아버지라 불리는 토마스 레너드(2009)는 '가장 친한 친구를 어떻게 코칭하면 좋은가?'라는 질문에 이렇게 답했다. "자기라면 가장 친한 친구를 코칭하다 그를 잃느니, 차라리 가장 친한 친구 관계를 더 소중히 유지하는 길을 택하겠다." 그만큼 코칭 대화는 일반 대화와 다르고 이중 관계인 상대에 따라서는 결과를 예측하기 힘들기 때문이다.

그렇지만 이런 동시적 이중 관계를 전제하고 코칭 대화를 통해 리더십을 개발하도록 촉진하고자 한다면 일정한 윤리적 방침을 전제하며 자유로이 시도해볼 만하다.

[토론]
일반 대화와 코칭 대화의 차이는 무엇인가?
- 다섯 가지를 점검하고 이해한다.

 **2. 코칭 프로세스와 코칭 대화 모델**

코칭 항해의 3원칙은 정기성, 지속성, 개별맞춤이다.
세상에서 똑같은 코칭은 없다.
코칭은 오직 한 번 일어나는 유일한 대화이다.

코칭 계약 기간은 어느 정도가 적당한가? 이때 코칭 횟수를 세는 단위를 코칭 회기會期, 또는 코칭 세션session이라고 한다. 대체로 코칭 계약은 단 1회기 코칭에서, 5~6회, 10~12회 또는 그 이상의 장기간이 되기도 한다. 코치에 따라 또는 계약 당사자와의 조건에 따라 계약 기간은 다양하다. 여러 회기를 진행할 경우 계약 기간 전체를 첫 세션-초기-중기-후기-종결 등으로 구분하고 구조화하여 진행하는 것이 필요하다. 이런 진행을 코칭 프로세스coaching proces, 또는 코칭 항해coaching jourany라고 부른다. 이를 어떻게 구조화하고 관리하며 진행할 것인가는 또 다른 주제 영역이다(참조: 실전 코칭

2. 첫 고객·첫 세션 어떻게 할 것인가).

코칭 프로세스나 항해는 모든 여정이 그렇듯 ①개인 의지와 내적 심리 상황 ②코치의 적절한 대처와 개입 ③코칭 관계를 둘러싼 두 사람의 환경 등의 영향에 따라 **복잡성**과 **우연성**을 갖고 다양하게 진행된다. 여행을 하려면 어느 정도 계획이 필요하듯 코칭 항해도 최소한 세 가지 원칙을 이정표로 코칭 기획을 한다. 당연히 모든 여행이 계획대로 이뤄지기 어렵듯이 여행의 우연성과 여행자 개인들의 복잡성에 따라 변경될 수 있다.

코치 스즈키 요시유키 鈴木義幸(伊藤守, 鈴木義幸, 金井壽宏, 2010)는 코칭 항해와 프로세스를 위해 세 가지 원칙을 주장한다.

첫째, 코치는 코칭 프로세스 전체를 잘 관리하기 위해 코칭 회기 간격을 일정하게 정기적으로 진행한다. 주 1회 또는 2회, 격주 1회 등 **정기성**은 코칭 세션과 세션 사이 between session를 구별하고, 두 사람이 이를 감안하여 소기의 코칭 목표 달성을 위해 실행하게 한다. 이는 코칭 대화 - 실행 과제 - 실행 점검이 정기적, 규칙적으로 진행돼 고객 삶의 리듬으로 정착되게 한다. 둘째, 전체 계약기간 동안 끊어지거나 중단되지 않는 **지속성**이 필요하다. 휴가나 불가피한 개인 일정으로 중단될 수밖에 없다면 이를 미리 알리고 코칭의 지속성을 유지하기 위해 서로 노력하여 회기 간격을 조정해야 한다. 지속성이 흔들리면 고객의 도전과 변화 여정이 흔들리게 된다. 고객의 내적 저항, 주변 환경의 간섭이 증폭되어 코칭 항해를 멈추게 할 우려가 있다. 셋째, 코칭은 일대일 **개별 맞춤**이 중요하다. 그렇지 않으면 개인의 독특성과 인간의 복잡성에 대처할 수 없다. 모든 사람에게 다 적용되거나 이런 저런 주제임에도 똑같은 방식의 코칭이나, 질문 방식은 효과가 반감되고 코칭 정신에서 멀어지는 길이다.

이런 개별 맞춤은 직접 만나는 코칭 시간에 가장 잘 드러나기 마련이다. 먼저 고객이 일반 생활 현장에서의 모습과 코칭 세션의 모습이 다를 수 있으며, 코치가 같은 질문을 하더라도 언제 대답을 하는가에 따라 대답이 다를 수 있다. 코치가 같은 주제를 다룰지라도 고객에 따라 대응이 달라진다. 그래서 세상에 하나밖에 없는 코칭을 그 사람에게 제공한다. 고객에게 가장 적합한 개별적 맞춤 코칭이 기본이다. 코칭 항해 여정 관리는 이같이 세 가지 원칙을 견지하며 진행한다.

매 회기 코칭 때마다 코치와 고객이 정해진 시간 안에 서로 나누는 코칭 내용, 대화 스토리를 **일정하게 구조화**하여 한 회기 안에 진행하기 위해 필요한 것이 **코칭 대화 모델**이다. 이는 한번의 코칭 세션을 특정한 대화 모델로 순서대로 진행한다는 의미이다.

매 회기 결과를 예측하기 힘들지라도 코치는 회기미디 대회 진행을 자유롭게 진행하면서도 기본 모델을 근거로 순서대로 진행한다.

[토론]
1. 코칭 항해에서 코치가 지녀야 할 세 가지 원칙은 타당한가?
2. 대화 모델이 필요한 이유는 무엇이고, 언제쯤 대화 모델에서 자유로울 수 있는가?

3. GROW 모델의 기초

코칭 대화 모델 가운데 대표적인 것이 'GROW 모델'이다. 널리 알려져 있고 많은 코치들이 사용한다. '증가하다. 자라다. 재배하다'라는 뜻의 GROW는 GREEN(녹색, 식물)이라는 단어와 어원이 같다. 철자를 활용해 G-R-O-W 순으로 머리글자어 acronym로 단어를 이어주고, 그 순서대로 대화를 이끌어 가도록 안내한다. 대화 순서를 '코칭 목표에서 실행까지' 이어주고 흐름을 잊지 않게 하여, 자연스럽게 GROW 뜻을 구현하게 한다.

GROW 모델은 목표 설정 Goal setting이나 문제 해결 Problem solving을 위한 기술로 1980년대 후반과 1990년대부터 기업 코칭 시장에서 광범위하게 활용되어 왔다. 최초의 기원은 정리된 바가 없지만 막스 렌즈버그 Max Landsberg(1996)와 존 휘트모어 John Whitmore(2002)는 서로 자기 저서에서 이 모델을 소개하고 있다.

이 모델의 기원은 코치 알렌 파인Alan Fine, 그레엄Graham Alexander, 존 휘트모어 세 사람이 공동으로 개발하였다고 알려져 있다(https://en.wikipedia.org/wiki/GROW. 2018). 처음부터 코칭 대화 과정을 머리글자로 해 만들었으며 모델에 대한 지적 소유권 역시 공동으로 가지고 있었다. 몇 년 후 세 사람은 저마다 다른 길을 가게 되고, 이 모델을 가지고 각자 독립적으로 작업을 계속하고 그에 따른 저작권도 공동으로 유지해 왔다. 그러나 원래 모델을 활용하는 데에는 서로 동등한 자격을 가지고 있었지만, 그들은 이 모델에 대해 서로 다른 세 가지 이해 방식을 주장했다. 그러다가 아무도 기존의 저작권을 주장하지 않게 되었다. 이로 말미암아 그들은 개별적이든 집단적이든 저작권 보호에 덜 공격적이게 되었고 GROW 모델을 모든 사람이 공개 도메인으로 인식하는 결과를 초래했다.

2002년 무렵 영국의 TSC The School of Coaching가 실시한 조사에 따르면 회신을 보내온 기업의 34%가 GROW 모델을 이미 실제로 사용하고 있다는 보고가 있다. 이를 보면 매우 일찍부터 비즈니스 현장에서는 실용화되었던 것으로 보인다(本間正人, 2006).

우리에게 GROW 모델이 코칭 대화의 기본모델로 일반화된 이유도 ①목표 설정과 실행이라는 두 가지 기본 요소가 들어가 있고, ②코칭 대화 과정이 간결한 구조로 연결되어 활용하기가 쉬우며, ③초보 단계에서도 활용이 쉽지만 상황과 맥락에 따라 변주도 쉽기 때문이다. 이와는 별도로 ④우리나라에서는 코치 인증 실기 시연 과정에서 일반적으로 많이 활용되기 때문으로 보인다.

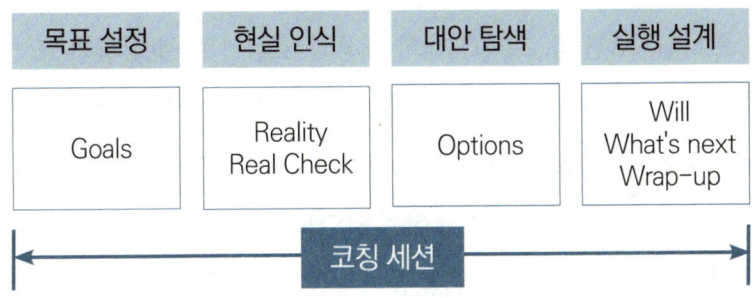

[그림 1.1] GROW 각 단계의 의미

[그림 1.1]에서 보듯 GROW 각 단계도 활용하는 사람에 따라 조금씩 내용에 차이가 있다. 목표 설정Goal setting은 대체로 일치하지만, 현실 점검 단계는 현실인식reality, 현실 체크real check, 실행 방안 역시 단순히 실행 의지will, 실행 단계what's next, 결말을 위한 정리wrap-up 등 다양하게 표현한다. 활용하는 사람들에 따라 구성에 다소 차이가 있지만 기본 구조에는 큰 차이가 없다.

뒤에 제시된 [그림 1.2]에서 보는 바와 같이 G-R-O-W 각 단계 사이에 코치의 임상 경험과 대화 상황이나 맥락에 따라 추가로 다른 것을 넣기도 한다. 일대일 코칭 대화뿐만 아니라 그룹 코칭과 팀 코칭에서 과제 해결을 위한 대화 모델로도 활용한다. 라이프 코칭, 비즈니스 코칭은 물론 커리어 코칭, 감정 코칭 등 모든 분야에도 적용되고 있다. 이렇듯 현재 활용도나 다양한 응용 사례를 보더라도 GROW 모델은 다른 모델에 표준이 되어 영향을 미쳤다고 할 수 있다. GROW 모델은 일대일 코칭 상황에서 코치의 강점과 코칭 스타일, 세션 중 고객과 대화 내용과 흐름 안에서 상황과 조건에 따라 수시로 변주가 가능하다. 또 코치 각자의 경험 축적과 근거에 따라 나름대로 변형 모델을 만들 수 있다(제2장, 3장 참조).

GROW 각 단계에 대한 표현은 달라도 그 의미는 **목표 설정-현실 인식-대안 탐색-실행 설계** 등 4가지 대화 순서의 의미로 이해하고 이를 간단히 Goal(목표) → Reality(현실) → Option(선택) → Will(실행)로 표현하기로 한다. 각 주제에 맞게 기본 질문의 예시를 들어보자. 물론 이런 질문은 각 순서마다 상대의 응답에 따라 추가 질문이 있을 수 있다. 다음은 대표적인 질문의 예시이다.

[표 1.1] 간단한 GROW 질문의 예

GROW모델	질문의 예
목표(Goal)	최근에 꼭 달성하고 싶은 목표가 있다면 무엇입니까?
현실(Reality)	(그것과 관련해) 현재 당신이 놓인 현실은 어떻습니까?
선택(Option)	(그런 상황에서도) 당신이 선택할 수 있는 방법이 있다면 무엇인가요?
실행(Will)	그 방법을 어떻게 실행하시겠습니까?

대화의 흐름에 맞는 질문이 각 단계마다 똑같은 것은 아니다. 대화 상대, 상황과 조건에 따라 질문을 다르게 하며, 부드러운 대화

방식으로 바꿀 수 있다. 그렇지만 무엇을 질문해야 하는가를 분명히 하기 위해 예를 든다면 위와 같다. 3분 코칭, 5분 코칭 등 이른바 '샘플 코칭'을 할 때도 이런 대화 순서를 기준으로 할 수 있다.

코칭이 무엇인지 관심을 보이는 잠재 고객이나 호기심을 가진 사람들에게 코칭을 설명하기보다는 코칭을 체험하게 하고 설명하는 것이 더 효과적이다. 설명하면 설득이 되거나 상대도 이해하려고 애쓰게 된다. 구구절절 설명하기보다는 코칭 대화를 짧게 체험하게 하고, 관련 대화로 소통하는 방식에 코치 역시 익숙해져야 한다(선 체험 후 대화).

이런 방식은 코칭 마케팅에도 활용 가능하다. 코칭이 무엇인지 모르는 사람으로부터 '코칭이 뭔가요?', '어떻게 하는 게 코칭인가요?'라는 질문을 받는다면 코치는 설명보다 체험하게 하거나 시범을 보여주는 것이 훨씬 더 효과적이다. 백 번 듣는 것이 한 번 보는 것보다 못하다는 고사성어(百聞-不如 一見, A picture is worth a thousand words)가 있듯이, 고객과 간단한 샘플 코칭을 GROW 모델로 실행할 수 있다. 실제 체험을 근거로 코칭이 무엇인지 서로 확인하려 할 때 이 모델은 그만큼 활용도가 크다.

GROW 모델은 일대일 대화에만 활용되는 것은 아니다. 과제 해결을 위한 팀 미팅에서 의제의 논의 순서를 아래와 같이 토론하면 훌륭한 토론이 되고 팀 미팅을 효율적으로 진행할 수 있다.

[코칭 대화 예시 1] 샘플 코칭

친구A 1: 요즘 코칭 배운다면서?

친구B 1: 응 뭔가 새로운 것을 배워보고자 최근에 시작했지!

친구A 2: 코칭이 뭐야? 요즘 이곳저곳에서 이야기가 많이 나오던데…….

친구B 2: 그래? 코칭이 뭔지 말해 줄까? 아니면 간단히 보여줄까? 말로 설명하기보다는 직접 경험하는 게 더 이해가 빠를 텐데.

친구A 3: 좋아! 어디 한 번.

친구B 3: 그래, 코칭이 무엇인지 한 번 보여주지.

코치 1: 혹시 최근에 '꼭 해봐야겠다'라고 결심한 일이 있다면 이야기해주시겠어요? (Goal 1)

고객 1: (음) 최소한 잠자기 전에 읽기로 한 책을 꼭 읽고 자야겠다는 생각을 했지요.

코치 2: 네 좋은 생각이네요. 매일 책 읽겠다는 결정을 하게 된 특별한 계기가 있었나요?(Goal 2)

고객 2: 읽는다는 생각에 책을 늘 가방에 넣고 다니긴 하지만 어느 날 보니 손때가 묻어서 낡기보다는 가방 속에서 뒹굴며 낡았더라고요.

코치 3: 그래서 새로운 결심을 하셨군요. 혹시 좀 더 구체적인 계획을 세우셨나요? (Goal 3)

고객 3: 네 적어도 15페이지 정도는 집에서 읽자. 자기 전이나, 화장실에서나, TV보기 전이나…….

코치 4: 아, 그래요? 해보시니까 어떻던가요? (Reality 1)

고객 4: 한두 번 잘하다가 잊어버리거나 피곤해서 그냥 자는 일이 태반이지요. 집안에 있다 보면 이리 저리 책을 들고 다닐 수도 없고. 마음뿐이지요. 뭐.

코치 5: 그렇군요. 혹시 집에서 마음대로 잘 안 된 원인이 무엇인지 생각해보셨을 텐데, 어떤 점들이 있을까요? (Reality 2)

고객 5: 집에선 또 아무래도 쉬어야 하고, 아내가 가만히 놓아두질 않아요. 피곤하지 않은 것 같으면 이때다 싶어 이것저것 시키니……. 모른 척 할 수도 없고. 실제 피곤하기도 하니 쉬는 편이 더 좋지요.

코치 6: 네……. 그렇지요. 그런 분위기 속에서도 책을 꼭 읽겠다는 계획을 실행할 수 있는 방법이 있다면 어떤 것들이 있을까요? 한번 그냥 가볍게 생각해 보시지요? (Option 1)

고객 6: 아직 말은 안 했는데, 아이가 늦게까지 공부하니까 그 옆에서 일단 읽기로 한 양만큼 다 읽고 방으로 들어가면 되겠다고 생각하고 있지요.

코치 7: 아! 좋은 방법이군요. 그것도 좋고요. 다른 방법을 좀 더 찾아보지요? (Option 2)

고객 7: 아내와 아이에게 이야기하겠어요. 아빠도 책 좀 읽겠다. 집에서 최소한 15페이지를 읽으려고 하니 그렇게 알아라

코치 8: 네, 좋습니다. 두 가지 중 어느 것을 먼저 시도해보시겠습니까? (Will 1)

고객 8: 먼저 내일 식사 시간에 이야기를 하고……. 졸리면 아내가 아이에게 과일 가져다 줄 때 책 들고 따라 들어가서 아이 옆에서 읽고 나오면 좋겠네요.

코치 9: 와~. 좋은 생각입니다. 그러면 매일 책 읽기를 일주일에 며칠 하겠습니까? (Will 2)

고객 9: 적어도 4일…….

코치 10: 그것을 꼭 할 수 있는 특별한 방안이나 할 수밖에 없는 장치를 마련한다면 어떤 것이 있을까요? (Will 3)

(생략)

친구B 4: 이런 짧은 대화를 해보니 코칭이 무엇이라 생각되나?

[표 1.2] 팀 미팅에서 GROW 대화 모델 활용

GROW모델	질문의 예	
목표(Goal)	이번 회의 시간 내에 우리가 얻어야 할 회의 목표는 무엇인가?	의제1
현실(Reality)	현재 우리 팀이 직면한 현실 조건을 점검한다면?	의제2
선택(Option)	(주어진 목표 달성을 위해) 해결할 수 있는 아이디어를 모아본다면?	의제3
실행(Will)	지금 현재 우리가 선택할 수 있는 최적의 방안은?	의제4

팀 미팅 참석자 모두가 함께 다루고자 하는 아젠다를 분명하게 공유했다면 게시판에 G → R → O → W를 순서대로 적어 둔다. 각 단계별로 자기 생각을 포스트잇post-it으로 세 가지씩 적어 붙이기

만 해도 저마다 생각의 흐름과 참석자들의 생각을 종합할 수 있다. 참석자 모두가 게시판 전체를 한눈에 (다시) 보면서 새로운 생각이 촉발되거나, 논의하는 과정에서 새로운 인식과 효율적인 결론을 추가로 찾을 수 있게 된다.

 GROW 모델을 활용해 좀 더 동적으로 진행할 수 있다. 참석자 모두가 G → R → O → W라고 붙여둔 벽을 따라 미술관 관람하듯 같이 움직이며, 조건 없이 주제에 대해 자유롭게 이야기하게 한다. 얼굴을 보지 않고 벽에 있는 각 질문에 마주서서 떠오르는 질문에 순서대로 답하면 된다. 물론 벽에는 그 질문과 관련된 이미지 사진이나 그림, 도표 등을 붙여두면 더욱 좋다. 다른 사람의 대답을 들으며 떠오르는 응답response을 해보면 이것만으로도 참석자에게 새로운 경험이 된다. 사회자(코치)가 위 순서대로 대화를 촉진하며 이끌어가면 더 효과적이다.

 이 대화 모델은 자신을 대상으로 한 셀프 코칭self coaching에도 활용 가능하다. 코치 스스로 G → R → O → W를 활용하여 자기 과제에 대해 자문자답하는 과정이 그것이다. 이를 통해 스스로 코칭을 체험하고 활용함으로써 자기 과제의 답을 찾고 행동 방안을 결정할 수 있다.

[토론]
GROW 모델을 활용할 수 있는 여러 경우를 모두 찾아보자.

 **4. GROW 모델에 근거한 간단한 변주와 활용**

대체로 코칭 대화 모델은 이를 뒷받침하는 코칭 이론에 근거하기 때문에 이론에 따라 대화 모델이 다를 수 있다. 반대로 대화 모델이 해당하는 코칭 이론을 대표하기도 한다. GROW 모델도 마찬가지다. 사용자에 따라 대화 모델을 활용할 때 강조점이 조금씩 다르다. 또 고객과 대화 상황에 따라 다양하게 변주變奏 variation도 가능하다. 이런 점에서는 연주자가 관객과 호흡하며 즉흥적이고 연주 순간의 상황에 따라 달리 연주하는 재즈와 같다. 춤을 추는 파트너와 춤추는 순간에 따라 춤이 얼마든지 변주될 수 있듯이 코칭 대화도 마찬가지다. 먼저 GROW 모델의 몇 가지 간단한 변주를 살펴보기로 하자.

코칭 세션에서 이루어지는 대화는 익숙해지면 **상황**과 **주제**, 대화 상대의 **반응**에 따라 언제나 변주와 변형이 가능하다. 코치의 필요와 코칭 대화 상황에 따라 G, R, O, W 각 단계 중 특정한 부분을 **좀 더 자세하고 길게 운영**할 수 있고, **순서를 달리하거나 생략**도 가능하다. 또 모든 기본 기술이 그렇듯 어느 정도 몸에 익으면 특정한 대화 모델에 얽매이기보다는 자유롭게 진행하면 좋다. 대화 모델을 내려놓고 자유롭게 대화하는 비구조적인 코칭 대화가 그것이다. 다만 코칭 대화 모델은 고객과의 대화가 현재 어느 단계에 있고 어떤 종류의 개입이 필요한지를 알려주는 대화 진행 지도 map 구실을 한다는 점에서 유효하며 코칭 훈련 초기 단계에는 **딛고 올라가야 할 계단**이다.

[그림 1.2] GROW의 다양한 변형

[그림 1.2]에서 보듯 가장 단순한 예는 GROW 대화로 직접 들어가기 전에 고객과 충분한 라포 형성을 강조하는 모델이다. GROW 모델 앞에 이를 반영하여 새로운 내용을 첨부한다(Safe zone-GROW, Warm-GROW, IceBreak-GROW 등). 대화에 본격적으로 들어가기 전에 고객과 미리 관계 맺는 단계가 필요하기 때문에 이를 강조하기 위해 다양한 의미를 부여하는 **사전 대화 단계**를 강조한다. 안전지대를 의미하는 Safe-zone은 고객이 편안하고 안전한 느낌을 갖도록 한다는 의미이다. 따뜻함Warm, 아이스브레이크 등으로 나름대로 다양한 의미를 대화 단계로 표현한다. 그렇지만 이런 모든 의미는 근본적으로는 코칭 대화 전 관계 맺기라는 의미의 **라포**rapport를 강조한 것으로 보인다.

대화 전 라포 형성을 강조하는 모델과 다른 변형은 Topic-GROW, Story-GROW로 고객이 가지고 오는 과제와 이야기를 더 중시하는 경우이다. 고객이 코치를 찾는 이유는 다양하다. 처음 찾아 오는 고객은 정리되지 않은 여러 과제가 '뒤죽박죽 된 것'을 들고 오거나, 말 못하는 다양한 '사연 덩어리'를 들고 와서 만나자마자 이야기를 풀어내려 할 수 있다. 두 모델은 라포를 무시하기 보다는 이런 첫 단계를 더 강조하는 입장이다. 코치는 정리되지 않은 주제나 이야기를 덥썩 물 듯 성급하게 본격 대화를 시작하기보나는 이것을 충분히 검토하고 경청하며 고객의 의도나 행동해야 할 (도전) 목표로 정리하게 지원한다. 많은 주제 가운데 코치와 함께 해야만 해결되는 과제를 선별해 내고 고객이 선택하게 하거나 두 사람이 합의하며 대화를 이어간다.

코칭 대화 전에 고객의 Topic, Story를 세심하게 검토하여 코칭 계약 기간 동안 이루어야 할 코칭 목표를 벼려내고 이를 합의한다. 이어서 매회 한 코칭 세션에서 다룰 세션 목표를 구별해서 진행한다. 물론 코칭 세션을 마치고 다음에 만나도 고객은 다시 과제를 이야기하고, 코치는 코칭 세션 목표를 설정하는 일을 반복한다. 그러나 세션을 거듭하면서 고객과 코치는 뒤엉켰던 과제가 정리되고, 반복되는 이야기에서 새로운 주제를 발견하게 된다.

GROW 관련 또 다른 변형은 목표보다는 고객이 처한 **현실 인식**과 **상황**을 먼저 밝혀 그 안에서 고객 목표를 명료하게 하는 것이 더 자연스런 코칭 대화라고 보는 경우이다. 말하자면 GROW의 순서 자체를 바꾸는 것이다(RGOW). 또는 GROW의 현실 인식Reality 단계에서 자원Resource 단계를 추가하는 것이다(GRROW). 이는 코칭 세션에서 막상 GROW 방식으로 대화하다 보면, 고객의 현실 인식과 함께 고객이 갖고 있는 자원을 발견, 발굴하는 것이 더 중요하다는 관점이다. 오히려 성급하게 '무엇을 어떻게' 할 것인지를 추구하는 고객의 경우 코치가 이에 호응하게 되면 코칭 세션이 '방법 찾기'로 축소되고 심지어는 컨설팅 모드로 기울 수 있다.

코치는 고객과 합의한 (세션) 목표를 둘러싼 현실 인식과 함께 고객이 갖고 있는 **자원**과 **잠재력**에 고객과 함께 주목할 필요가 있다. 자신이 갖고 있는 자원을 신뢰하고 충실히 활용하거나, 아직 발휘하지 못한 잠재력을 발굴하는 노력은 누구든 쉽지 않기 때문이다. 코치는 고객이 말하는 '현실 인식'과 별도로 고객과 합의한 주제와 도전 과제에 활용할 고객의 자원을 충분히 탐색해야 한다는 입장을 대화 모델에 반영하는 경우다.

이렇게 고객의 자원과 잠재력에 주목하는 코치의 입장은 코칭의 기원과도 관련이 있다. 코칭은 1960년대 인간 잠재력 회복을 위한 사회운동에 한 뿌리를 두고 있다는 점, 또 코칭에 영향을 준 여러 심리학자 가운데 한 명인 알프레드 아들러 Alfred Adler 등의 영향이 크다(Vikki G. Brock, 2014). 인간은 타인과 비교를 통해 어쩔 수 없는 특정한 신체기관이나 역량에 대해 상대적 열등감을 갖게 되고, 일생을 통해 이를 극복하기 위한 자기만의 우월성을 추구한다. 그렇지만 누구든 필요할 때 원하는 수준으로 자기 잠재력을 활용하지 못한다. 숨겨두거나 오래된 잠재력을 발휘하게 하려면 '적절한 격려'가 특히 필수적이다. 코치는 이를 활용해 고객이 자원과 잠재력을 자각할 수 있도록 지원한다(3장 3절 참조).

성과를 중심으로 하는 비즈니스 코칭 모델의 경우 GROW 모델을 더 다양하게 변형한다. 다양한 방식으로 조직 목표를 합의하고, 조직의 현실 조건을 검토하지만, 조직이 가진 자원, 자기 조직의 과제를 위해 발휘해야 하는 잠재력과 역량을 파악하고 **양자의 차이**gap를 집중적으로 탐구한다. 목표 달성을 위해서라도 차이를 분명하게 인식하면 그만큼 행동계획에서 초점을 잘 맞출 수 있기 때문이다.

좀 더 적극적으로 GROW 모델을 변형하여 활용하는 경우를 살펴보자. GROW 대화의 변형일 수 있는 비즈니스 대화 모델 두 가지를 소개한다. 두 모델의 공통점은 현실과 과제 사이의 차이를 중요시한다.

이 대화 모델은 사실상 GROW를 적극적으로 변형하면서도 Gap을 중시하는 대화 모델이다. 고객과 코칭 관계를 설정하는 단계에서 시작해 목표와 현실을 다루고 다시 고객과 적극적으로 Gap을 합의한다.

코칭 프로세스

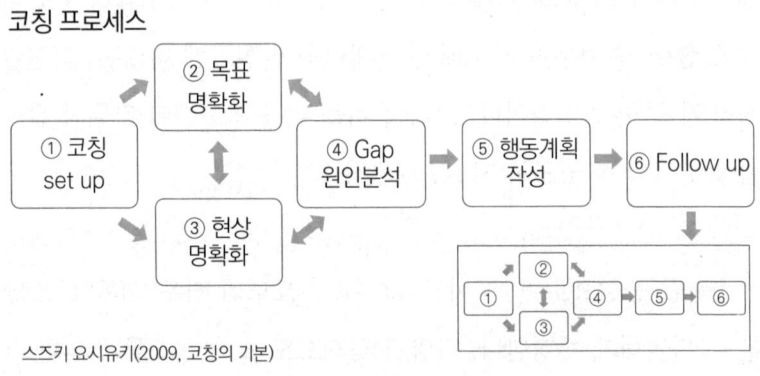

스즈키 요시유키(2009, 코칭의 기본)

[그림1.3] 코칭 대화 GAP 모델

[그림 1.3]은 코치 스즈키 요시유키(최재호, 2013)가 제시한 코칭 프로세스이다. ①코칭 전체 주제나 단일 세션 주제를 확정set up한다. ②고객과 목표를 명확히 하고 ③현실 상태와 조건을 검토한 뒤 ④목표와 현실 상태와의 차이를 재정리하고 ⑤행동 계획을 작성하며 ⑥행동 과정과 결과에 대한 후속 조치follow up를 한다. 그렇지만 마지막 단계에서 이루지 못한 과제가 있으면 다시 '목표 명확히 → 못하게 된 현실 상태 점검 → 그 차이 재정리'를 반복하는 **사슬의 연쇄 고리**와 같은 대화를 이해할 수 있다.

☐☐ Q. 코칭 세션을 위해 특별히 준비한 것이 있나요?

☐☐ Q. 지난번 세션 후 실행 과제를 점검해볼까요?

☐☐ Q. 이번 세션에 들어가기 전 특별히 먼저 하고 싶은 이야기가 있나요?

☐☐ Q. 오늘 주제를 이야기해주겠습니까?

☐☐ Q. 이번 세션에 특별히 집중하고자 하는 과제가 있다면 무엇인가요?

☐☐ Q. 그 과제를 평가할 수 있는 기준도 같이 검토한다면 무엇인가요?

☐☐ Q. 현재 상태 중 과제와 관련해 가장 중요한 것 한두 가지를 이야기하겠습니까?

☐☐ Q. 현재 상태를 10점 만점을 기준으로 한다면 어느 정도 책

정하겠습니까?

☐☐ Q. 목표를 위해 현재 집중하고 있는 것은 무엇인가요?

☐☐ Q. 과제와 현재 상태와의 차이를 분명하게 정리해볼까요?

☐☐ Q. 목표와 멀리 떨어지게 하는 현재의 장애물은 무엇인가요?

☐☐ Q. 가장 핵심적인 방해 요인은 무엇인가요?

☐☐ Q. 과제와 현실 간의 차이를 줄일 수 있는 가장 중요한 것은 무엇인가요?

☐☐ Q. 이런 어려움 속에서도 할 수 있는 방법이 있다면 무엇인가요?

☐☐ Q. 우리가 찾은 방법 중에 오늘 자세히 검토할 만한 것은 무엇인가요?

☐☐ Q. 우리가 해야 할 첫 단계는 무엇인가요?

☐☐ Q. 지난번 계획에서 우리가 참고할 만한 것이 있다면 무엇인가요?

☐☐ Q. 현재 다시 검토해 보니 우리가 지난 세션에서 검토가 부족했던 것은 무엇인가요?

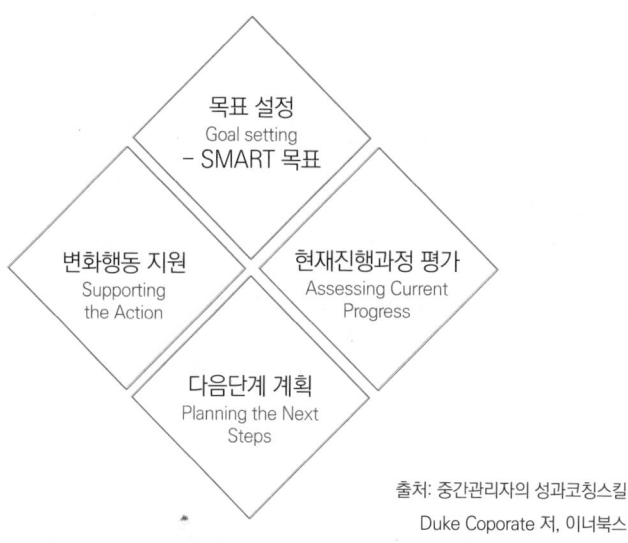

[그림 1.4] GAPS 코칭 대화 모델

위 [그림 1.4]를 보면 비즈니스 현장에서 성과 관리와 목표-현실 간의 차이gap를 모두 강조하는 대화 모델이라는 것을 알 수 있다. SMART 모델을 활용하여 목표 설정goal-setting을 세밀하게 하여 목표/과제를 명확히 한다(3장 1절 참조). 이와 관련한 현재 진행 상황을 평가한다. 이른바 GAPS 모델은 현실 진행에서 과정 평가 Assessing Current process를 중시하고, 이를 근거로 다음 단계 계획Planning the next step을 설계한다. 또 무엇보다도 변화 행동에 대한 지지·지원 Supporting the Action으로 변화의 지속성을 강조하는 특성이 있다(Duke Corporate Education, 2006).

두 모델은 고객이나 팀들이 성취하기를 원하는 것(목표), 그들이 지금 어디에 있는가(현실)를 분명하게 인식하게 한다. 또 그들이 선택할 수 있는 옵션이 무엇이며 그들이 무슨 행동을 할 것인지(마무리/실행/앞으로 나아가기) 등을 개별적이거나 팀이 확인하는 것을 돕는 데 유효한 구조를 제공한다. GROW에서 Option 단계를 한 발 앞으로 나아가기 위한 실행계획Planning the Next Step으로 정의하고 구체적 행동을 지원하는 시나리오로 코칭을 구성하고 있다.

☐☐ Q. 우리의 목표를 더 구체적으로 정리해봅시다.
☐☐ Q. 이 과제가 지금 조직 현실을 정확히 반영하는지 검토해주시겠습니까?
☐☐ Q. 이 목표의 긍정성은 무엇인가요?
☐☐ Q. 목표 달성의 결과를 어떻게 측정할 수 있나요?
☐☐ Q. 기조실에서 우리의 결과를 어떻게 알 수 있나요?
☐☐ Q. 우리가 합의할 수 있는 과제로 충분히 조정한다면 어떻게 정리할 수 있나요?
☐☐ Q. 당신이 말하는 과제는 팀원과도 합의한 것인가요?
☐☐ Q. 과제 달성 기간을 확정한다면 언제가 가능할까요?
☐☐ Q. 현재 진행되는 것 가운데 긍정적 성과 부분을 먼저 정리한다면 무엇인가요?
☐☐ SQ. 달성하지 못한 부분을 정리한다면?

☐☐ Q. 현재 상황을 파악하기 위해 충분한 자료를 수집했나요?
☐☐   SQ. 더 필요한 것이 있다면?
☐☐ Q. 현재 진행 지점에 서서 왜Why라는 질문으로 검토했다면?
☐☐ Q. 현장에서 올라온 다양한 이유를 검토한 결과는 무엇인가요?
☐☐ Q. 대안을 편하게 브레인스토밍해봅시다.
☐☐ Q. 몇 가지 영역으로 나눠 대안을 검토해볼까요?
☐☐ Q. 다음 단계를 위해 우리에게 필요한 것은 무엇인가요?
☐☐ Q. 우리가 더 집중하고 전념해야 할 부분은 무엇인가요?
☐☐ Q. 어떻게/언제/무엇을 지원하면 그것이 가능한가요?
☐☐ Q. 다른 부서의 협력이 필요한 것은 무엇인가요?
☐☐ Q. 어떤 마찰을 점검하면 진행이 순조로울까요?

[토론]

1. GROW 모델의 변주와 변용을 열거하고 특징을 토론해 봅시다.
2. 상상할 수 있는 다양한 변주나 변용이 있다면 모두 열거해 봅시다.

5. GROW 모델과 대화의 유연성

아래 그림의 왼쪽 모델을 보면 코치가 첫 세션에서부터 목표를 구분하여 풀어나간다. 그림과 같이 '당신이 원하는 것은 무엇인가?What do you want?'를 근거로 목표 설정set goals을 하고 장기 목표long term goal → 성과 목표performance goal → 세션 목표session goal로 점차 좁혀가는 작업 과정이다.

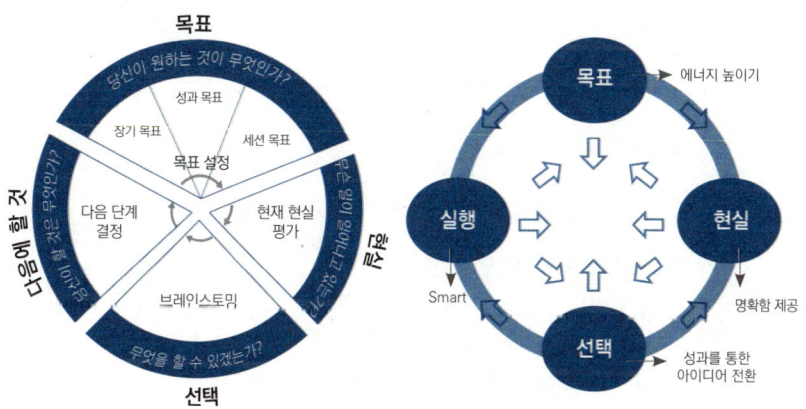

[그림 1.5] GROW 모델의 다양성

제1장. GROW 대화 모델의 이해

이런 접근은 건강 관리에 촛점을 맞춘 의료 코칭 현장에서 활용하기 알맞다. 장기 목표와 성과를 분명하게 드러내게 한 후 세션 목표를 정한다. 또 '현재 어떤 일이 일어나고 있는가?'라는 질문을 통해 지금 현실과 바로 연결하고, 고객이 할 수 있는 것을 자유롭게 브레인스토밍하게 한다. 고객(환자)의 의견을 충분히 끌어내기 위함이다. 물론 마지막 실행 단계도 본인의 결정을 중시한다 (Publichealth.va.gov, 2015).

모델에 따른 질문의 예시는 아래와 같다.

☐☐ Q. 자신이 원하는 것/소망을 더 분명하게 말해볼까요?
☐☐ Q. 충분한 기간을 두고 성취할 장기 목표는 무엇인가요?
☐☐ Q. 완전한 회복/퇴원을 위해 해야 할 목표는 무엇인가요?
☐☐ Q. 목표에 다가간다는 것을 알 수 있는 구체적 성과는 어떤 것들이 있나요?
☐☐ Q. 장기 목표를 단축할 수 있는 성과를 내려면 어떻게 하면 될까요?
☐☐ Q. 그 성과를 위해 무엇을 해야 할지, 이번 세션 목표로 이야기해본다면 무엇인가요?
☐☐ Q. 현재 무슨 일이 일어나고 있나요?
☐☐ Q. 현재는 어디에 머물러 있나요?
☐☐ Q. 자신이 알고 있는 현재 상태를 알려주겠습니까?

☐☐ Q. 자신이 현실적으로 할 수 있는 가능한 모든 방법을 열거해 볼까요?
☐☐ Q. 회복에 도움되는 방안을 자유롭게 생각해봅시다! 어떤 것이 있나요?
☐☐ Q. 지금 할 수 있는 모든 방법을 찾아볼까요?
☐☐ Q. 지금 바로 할 수 있는 것은 무엇인가요?

반면에 오른쪽 모델은 유연성을 강조한다. 반드시 GROW 모델의 대화 순서에 따라 진행해야 한다는 생각을 버릴 것을 요구한다. 코칭 대화의 효과를 높이기 위해서는 일반적으로 고객의 에너지를 높이고 명확하게 초점을 맞춘 목표를 탐구하며 시작한다. 다음 단계는 현실을 묻는 질문을 통해 어디에 서 있는지 분명하게 찾게 해야 한다.

그러나 케롤 윌슨Carol Wilson(2014)은 필요에 따라 GROW 네 요소 사이를 직접 이동할 수 있다고 말한다. 또 질문의 초점도 목표 질문은 **에너지**를 높이고, 현실 질문은 **명료함**을 목표로 하며, 옵션과 행동 질문은 아이디어를 실제 가능하게 하여 **성취 결과**로 바꾸는 것을 강조한다. 이후 실행에서는 SMART로 구체화한다. 다음의 질문 예시를 참조해 보자.

[그림 1.5] 관련 질문 예시

☐☐ Q. 5년/1년/3개월 안에 이루고자 하는 목표는 무엇인가요?
☐☐ Q. 당신의 목표를 몇 단어로 말해주실 수 있나요?
☐☐ Q. 정말 가능한 초점은 무엇인가요?
☐☐ Q. 무엇을 보면 당신이 목표를 이룬 것을 알 수 있나요?
☐☐ Q. 지금 이 순간 무슨 일이 일어나고 있나요?
☐☐ Q. 지금 이것이 당신에게 얼마나 중요한가요?
☐☐ Q. 당신이 느끼고 있는 것 가운데 어떤 감정이 가장 중요한가요?
☐☐ Q. 이제까지 당신이 한 것은 무엇인가요?
☐☐ Q. 목표를 위해 당신이 하고 있는 것은 무엇인가요?
☐☐ Q. 전에는 모르고 있었는데 지금 새롭게 알게 된 것은 무엇인가요?
☐☐ Q. 당신이 갖고/검토하고 있는 해결책은 무엇인가요? 그 외에 또 있다면?
☐☐ Q. 당신이 할 수 있는 것/하고 싶은 것은 무엇인가요? 그 밖에 또 있다면?
☐☐ Q. 당신이 새롭게 얻은 통찰은 무엇인가요?
☐☐ Q. 이런 옵션에서 당신이 스스로 배운 것은 무엇인가요? 그 외에 당신이 사용할 수 있는 것은?
☐☐ Q. 과거에는 어떻게 했었나요?

☐☐ Q. 그것들 가운데 무엇을 할 것입니까? 언제 할 것입니까?

☐☐ Q. 그 실천을 약속하기 위해 어떤 다짐을 하겠습니까?

[토론]

1. 'SMART 목표'를 구체적 질문으로 만들어 보자.
2. 'SMART 실천 과제'를 구체적 질문으로 나열해 보자.
3. [그림 1.5]의 두 모델 관련 질문을 새롭게 만들어 실습해 보자.

제2장
GROW-candy 모델의 이해

GROW-
candy
model

1. 목표의 세분화

GROW 모델을 코칭 대화에 활용하는 데에 실제로 도움이 되도록 이미지화한 것이 GROW-candy 모델이다. 이를 활용해 코칭 대화 과정을 자세하게 이해해보자. [그림 2.1] 이미지는 코칭 대화에서 코치를 돕는다. 대화를 익히는 초기에 대화를 이끌다보면 혼란이 올 수 있다. 무엇을 어떻게 할 것인가를 외우거나 생각하기보다는, 이 이미지를 연상하도록 권한다. 전체적으로 '사탕candy' 이미지를 떠올리면 된다.

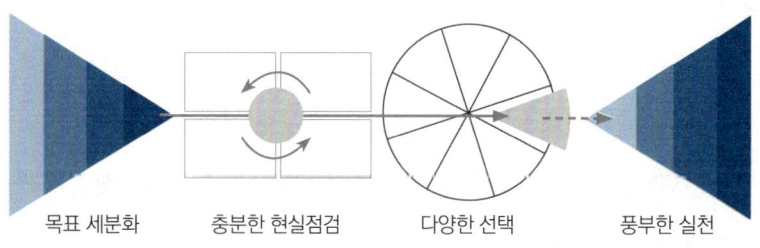

[그림 2.1] GROW-candy 모델

> 수박을 통째로 먹을 수 없다.
> 한 입에 먹을 수 있게 작게 잘라야 한다.

먼저 고객이 말하는 코칭 **주제**, **목표**, 하고 싶은 **과제**를 경청하면서도 이를 간단하게 세분화한다. 주어진 시간에 대화할 수 있을 만큼 작게 만들기 시작한다. 위 그림의 이미지처럼 삼각형이 점차 줄어들어 마지막에는 작게 되는 이미지를 연상해보자. 몇 차례 질문을 통해 고객이 스스로 작고 간단하게 만들게 코치가 안내하면 된다. 주제를 얼마나 세분화해야 하는가에 대한 기준은 특별히 없다. 주어진 코칭 세션 시간에 다룰 수 있을 만큼 내용을 줄이고, 대화가 끝나면 얻고 싶은 결과를 기준으로 하면 된다.

간단한 대화에서는 4S(Small, Simple, Soft, Step by Step)방식을 연상하면 좋다. 즉 작고, 단순하게, 편하고 쉽게, 한 걸음만큼 작게 목표를 설정한다. 이 과정의 선택은 오직 고객이 정하게 하면 된다. 고객은 자기 상황과 경험, 필요에 근거해 스스로 결정하게 될 것이다.

☐☐ Q. 네, 그 주제를 작게 쪼개면 어떻게 될까요?
☐☐ Q. 하루 분량 작은 묶음으로 나눠 보면 어떻게 나누겠습니까?
☐☐ Q. 이번에 이야기할 만큼 단순하게 말한다면 어떻게 정리할 수 있을까요?

□□ Q. 말씀하시는 내용 중 편하고 쉽게 할 수 있는 일은 무엇인가요?
□□ Q. 그 주제의 첫 번째 관문은 무엇인가요?
□□ Q. 그 과제를 위해 가장 먼저 해야 할 일은 무엇인가요?
□□ Q. 말씀하신 내용을 오늘 할 수 있는 주제로 정리해보겠습니까?
□□ Q. 그 주제의 한 걸음은 무엇인가요?

4S 질문을 통해 고객이 말하고자 하는 주제를 세분화하거나 줄여나간다. 그러나 위 질문을 살펴보면 세션 목표를 줄여가는 과정에서 코치의 주도성이 높은 것 아닌가 하는 의문이 들 수 있다. 고객이 무슨 말을 하든 코치는 그냥 네 가지 형태의 질문을 순서대로 던지는 경우다. 이는 고객을 조금 몰고 가는 느낌을 코치가 줄 수 있다.

현실 대화에서는 **질문과 질문 사이에** 고객의 말을 **충분히** ①**경청**하고, 고객에게 ②**호응**하는 것을 전제로 한다. 코치의 질문과 고객을 향한 ③**집중**은 고객이 자유롭고 편하게 대답하게 한다. 질문에 대한 대답과 내용은 권한이 오로지 고객에게 있고, 코치는 이를 존중하고 ④**수용**하면서 질문을 이어간다.

고객이 코칭 세션에서 하고 싶은 이야기 이년에는 매우 다양한 내용이 들어 있다. 우리는 다음 4장에서 이것을 더 자세하게 다룰 것이다. 코치는 먼저 고객과 소통하고, 코칭 주제에 대해 **상호 동**

의를 요청한다. 코칭 세션에서 나눌 대화 주제-세션 목표를 **비교적 간단히** 줄이려는 코치의 손길을 따라 고객은 호응하며 손을 마주 잡는다.

누구에게든 처음 이 작업은 쉽지 않다. 고객이 꺼낸 '대화 주제'에서 한 회기 코칭 '세션 목표'로 이르는 길은 쉽지 않은 길이다. 훈련 중인 수련 코치나 처음 코칭 파트너가 되어 세션에 임하는 고객 모두에게 초행 길이며 낯설은 길이다. 그렇지만 목표 세분화의 끝, 마무리는 두 사람이 확인하고 마음이 일치하면 된다. 코치는 고객과 대화하며 고객의 동의에 근거해서 한 발씩 나가고, 최종적으로는 세션 목표나 주제를 고객과 합의하면 된다. 이 여정에서 고객이 운전석으로 옮겨 앉거나 최종적인 결정권을 고객이 행사하게 되면 더할 나위 없이 좋다.

이 과정이 충실하면 이후 현실을 점검하거나 해결책을 위한 대안을 모색하기 쉬워진다. [그림 2.1]에서처럼 목표 단계에서 세분화한 주제가 현실 점검 → 대안 탐색 → 실행 방안으로 연결되는 것이 바람직하다.

다음 질문을 활용해 이런 저런 대화를 시작해볼 수 있다.

☐☐ Q. 최근 일주일 동안 새롭게 마음먹은 일이 있다면 말씀해주시겠습니까?

☐☐ Q. 자기 미래를 위해 남몰래 준비하고 있는 작은 계획/목표가 있다면 무엇인가요?
☐☐ Q. 이번 분기 회사의 Top-down 과제를 보면서 본인이 설정한 도전 목표는 무엇인가요?
☐☐ Q. 지금 현재 당신에게 가장 중요한 것은 무엇인가요?
☐☐ Q. 우리가 어떤 대화를 나누면 주어진 시간 동안 서로에게 보람이 클까요?

> 오늘 주어진 시간에 대화가 끝났을 때 어떤 결과를 얻으면 만족하시나요?

여기서 말하는 목표는 주어진 코칭 시간, 코칭 세션 중에 충분히 집중하고 해결하고자 하는 주제, 즉 세션 목표라는 점을 다시 한 번 강조한다. 5분, 20분, 30분 또는 50분 안에 대화를 나눠 고객이 원하는 결과를 얻기 위한 목표이다. 이를 가장 분명하게 표현하면 대화를 마친 뒤에 '손에 쥐고 싶은 결과'를 만들 수 있는 목표인 것이다. 코칭 대화에서 의외로 이 작업이 쉽지 않기 때문에 세션 중에 세션 목표를 분명히 할 수 있다면 대화의 반 이상이 이뤄졌다고 해도 될 정도이다.

그렇다면 목표 세분화가 충분히 되었다는 것을 어떻게 알 수 있는가? 이상적으로 표현하면 그것은 두 사람이 목표를 합의하는 과정이 전제되고, 서로 목표 합의를 확인하면서 '답이 다 나온 것 아닌가?', '더 할 이야기가 있을까?' 하는 말풍선이 코치와 고객에게 생기는 순간이다. 그 정도까지 진척되어야 그 이후 코칭 대화가 전혀 새로운 영역으로의 탐험이 이루어지고 **가지 않았던 길**을 가는 대화가 된다.

이를테면 흔히 코치 훈련 과정에서 주제로 나오는 '다이어트에 성공하고 싶다'라는 주제를 들어 보자. 이 주제는 많은 사람들이 경험하고 있고, 실패와 성공을 반복해온 나름대로 경험을 많이 해온 '숙고해온 주제'이다. 코치는 목표를 세분화하는 과정에서 현재의 계기, 과거의 실패와 성공 사례를 검토하게 하거나, 더 필요하다면 현실 점검을 하면서 시도해 온 방안이나 해보지 않아서 아쉬웠던 방안을 탐색한다. 이 과정이 최소한 고객 사고의 보폭에 맞는 속도로 경청하며 진행해 왔다면 고객이나 코치는 '아, 이렇게 하면 되겠다'라는 생각이 말풍선으로 떠오르게 된다. 그러나 코치는 이제부터 대화가 시작일 수 있다. 다이어트 이후의 지향, 또는 감춰진 의도, 자신에 대한 최적의 격려 등으로 대화가 새로운 영역으로 흘러간다.

여러 회기를 코칭할 경우, 코치는 매회 코칭 세션 목표를 설정한다. 또 바로 직전 세션에서 합의한 **실행 과제를 검토**하고 그 성과와 성찰을 기반으로 해당 세션 목표를 조정하거나 설정한다. 라이프 코칭, 감정 코칭은 물론 비즈니스 현장에서도 마찬가지다. 조직에서 내려오는 목표top down goals를 다루더라도 실제 현장의 현실 조건과 실행하는 사람의 의도와 역량에 맞게 목표를 세분화break down 해야 하는 건 당연하다. 이것은 **여정을 함께 하는 코치**이자, 고객과 동등한 **상호 파트너로서 코치**가 해야 할 일이다(3장 참조).

코칭 목표에서 세션 목표까지는 긴 여정이고, 다룰 주제를 좁혀 나가는 과정이 언제나 멀고도 어려운 일이지만 코치가 최소한 두 가지만을 견지하면 길을 찾을 수 있다.

먼저 ①'수박을 한 입에 먹을 수 없으니 되도록이면 작게 쪼개야 한다는 마음'이다. 고객이 하고자 하는 바가 아무리 크고 여러 가지 복잡할지라도 이를 이번 세션에서 다룰 수 있게 작게 쪼갤 것을 고객에게 요청한다. 비록 작은 '조각'을 갖고 코칭 대화를 해도 그 안에 고객의 모든 것이 담겨 있고 언제든 조각을 중심으로 다양한 것을 다시 불러올 수 있기 때문에 안심해도 된다. 또 하나는 고객에게 언제든 ②지금 코치와 만나서 이야기하는 지금-여기here & now 에 서서 대담하게 확인하고 세션 목표를 결정하게 한다. 아무리 어려운 일이고 힘든 일이라 할지라도 코치와 함께 현재 세션에서 충분히 이야기하며, **지금** 고객에게 필요한 세션 목표/주제를 결정하도록 한다.

적어도 이 두 가지를 통해 고객이 응답한 것이라면 코치는 '목표가 세분화'된 것으로 보고 세션 목표로 합의할 수 있다. 또 누구라도 어떤 주제이든 자기 스스로 '밀어 두지 않고 바로 지금 한 입에 먹을 수 있게 작게' 만들면 해결 가능성과 길을 스스로 발견할 수 있다. 오히려 **코치의 주저함**과 **불안**이 이를 방해한다. 코칭 세션이 한두 회가 진행되어 누적되면 코치도 나름대로 노하우를 쌓게 되고, 고객에 대한 이해가 깊어진다. 고객 역시 코치와 함께 세션을 반복하며 자신이 '직면한 아젠다에서 해야 할 목표에 이르는 여정'에 대한 **경험을 통해 새로운 배움**을 얻는다.

더욱이 세션과 세션 사이 고객의 적절한 실행과 성공 경험은 다음 세션에서 다시 목표를 설정할 때 누적해서 긍정적인 효과를 주기도 한다. 이런 **믿음**이 코칭 목표를 설정하기 위해 코치가 가져야 할 마지막 근거이다. 즉 ③설정한 목표가 **긍정적**이고 성공을 **예감**하는지 고객에게 확인하는 것이다.

☐☐ Q. 들어보니 하고자 하는 목표가 하나가 아니군요, 지금은 어느 길로 가시겠습니까?

☐☐ Q. 음. 신선하군요. 그 목표까지는 몇 개의 계단으로 이뤄져 있나요?

☐☐ Q. 그 목표를 위해 고객님만이 할 수 있는 더 중요한 핵심 과제는 무엇인가요?

☐☐ Q. 무엇을 보면 그 목표가 달성되었다는 것을 알 수 있나요?

☐☐ Q. 말씀하신 목표를 듣기 좋게 작게 자른다면 어떻게 표현하시겠습니까?

☐☐ Q. 지난 주에 실천했던 경험에 비춰 본다면 이번에는 무엇을 다루면 유익할까요?

☐☐ Q. 잘할 수 있다는 확신에 서서 한 가지만 고른다면 무엇을 하시겠습니까?

장기 목표와 단기 목표, 최종 목표와 과정 목표, 성과 목표와 실천 목표

고객이 던진 이야기가 목표이든 주제이든 전체를 덩어리로 그대로 다루려고 하면 더 낭패가 된다. 그것이 장기적으로 이루고자 하는 '장기 목표'인 경우 더욱 그렇다. 장기 목표를 열어보면 그 안에 다양한 것이 혼재되어 있기 마련이다. 당장 하고자 마음이 앞서 서둘러 제기하는 목표인지, 최종 목표인지 먼저 구별해야 한다. 거쳐야 할 '과정 목표'인지, 특별히 나중에 결과로 성과를 내야 하는 '성과 목표'인지, 극복해야 하는 '실천 목표'인지 등도 구별해야 한다. 목표 달성의 기간, 성격 등을 분명히 하지 않으면 코칭 세션 결과를 점검하기가 어려워진다.

코칭 계약기간 전체 목표	장기 목표, 최종 목표	결과 목표
중간평가 및 점검	과정 목표	결과 점검 목표
코칭 1회기 세션 목표	단기 목표, 실천 목표	성과 목표

□□ Q. 꼭 달성하고 싶은 장기 목표라고 하셨는데 그것이 최종적인 목표인가요?

□□ Q. 그 목표 뒤에는 어떤 목표가 있나요?

□□ SQ. 그 장기 목표를 위한 첫 번째 과제는 무엇인가요?

□□ Q. 이루고자 하는 결과를 좀 더 상세히 설명해주시겠습니까?

□□ SQ. 그 목표를 위해 거쳐야 할 지점이 있다면 어떤 것인가요?

□□ Q. 그것이 결과를 위해 꼭 거쳐야 할 과정 목표인가요?

□□ Q. 그곳까지 계단이 있다면 전체가 몇개의 계단으로 되어 있나요?

□□ SQ. 한 계단을 좀 자세히 설명해주시겠습니까?

□□ Q. 그 목표를 위해 지나가야 할 터미널이 있다면 어떤 것인가요?

□□ Q. 오늘 무엇을 검토하면 그것이 가능할 것이라 생각하시나요?

□□ Q. 오늘 이야기할 가장 중요하고 먼저 해야 할 것을 다시 한 번 정리해주시겠습니까?

복잡한 목표의 세분화

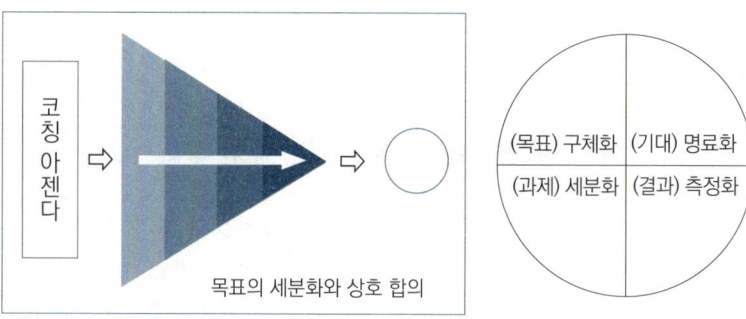

[그림 2.2] 세션 목표 세분화와 상호 합의

복잡한 목표를 세분화하기 위해 한 발 더 들어간다면 이런 노력의 끝은 어디까지인가? 이런 질문이 좀 어리석은 질문일지라도 특별한 답은 없다. 우문愚問에 현답賢答이랄까? 앞에서 언급했듯이 고객과 코치가 서로 세션 목표를 합의하면서, 답이 다 나온 느낌, 다 해결된 느낌이 든다면 그럴수록 좋다. 왜냐하면 그 다음 대화 여정이 매우 기대되기 때문이다.

실제 현실에서는 한 회기에 다룰 내용을 표현할 때 '세션 목표'라는 표현이 적절하지 못한 경우가 있다. 목표가 복잡하기 때문이다. 무엇인가 이루고자 하는 **목표**, 자신이 원하는 것, 하고 싶은 것에 대한 **기대**, 타인이나 상황에 의해 주어진 **과제**, 평가와 검토, 인정을 얻어내야만 하는 **결과** 등 내용이 다양하다. 그러나 [그림 2.2]

처럼 코치가 대응하는 방향은 마찬가지다. 이루고자 하는 목표를 **구체화**할수록, 그것이 이루고자 하는 기대라고 한다면 **분명해야** 하며, 주어진 과제라면 **세분화**하고, 결과는 측정할 수 있게 재구성해야 한다.

목표 설정을 위한 질문 예시

목표 구체화	Q. 당신이 이번 세션에서 성취하고자 원하는 목표/과제가 있다면 무엇인가요? Q. 지금 현재 당신에게 가장 중요한 것은 무엇이라고 생각하나요? Q. 제가 충분히 이해할 수 있도록 구체적으로 설명해주시겠습니까? Q. 그 중 어떤 점에 좀 더 공을 들여 집중하기를 원하나요?
기대 명료화	Q. 다른 사람도 당신이 원하는 것을 알게 할 필요가 있다면 어떻게 설명하겠습니까? Q. 원하는 것을 한 장의 그림으로 표현한다면 어떤 것인가요? Q. 이 세션의 결과로 무엇이 좀 더 분명하면 성취하는 데 도움이 되나요? Q. 자신이 원하는 기대를 이루기 위해 첫 발을 내딛는다면 그것이 무엇인지요?
과제 세분화	Q. 그것을 해야 할 이유/계기는 무엇인가요? Q. 어느 정도가 본인이 진정 보람을 가질 수 있는 것인가요? Q. 그 주제/목표를 이루기 위해 정말 집중해야 할 것 한 가지가 있다면 무엇인가요? Q. 당신이 해야 할 과제를 쉽게 도달할 수 있는 정도를 이야기해보겠습니까?
결과 측정화	Q. 목표에 도달하면 당신만이 얻을 수 있는 것이 무엇인가요? Q. 당신이 목표에 도달한 것을 무엇을 보면 알 수 있나요? Q. 그것이 도달하려 했던 결과인지 어떻게 알 수 있나요? Q. 그 문제가 해결되었다는 것을 다른 사람은 어떻게 알 수 있나요?

[코칭 대화 예시 2] 목표 설정

(생략)

코치 1: 음. 요즈음 이런 것 한번 해볼까 하고 좀 가볍게 생각하고 있는 일 있으신가요?

고객 1: 있지요^^. 새로 이사 간 회사 빌딩 지하에 헬스와 수영장이 있더군요. 반갑게도……. 무릎관절도 좋질 않아 수영을 했으면 하는 생각을 갖고 있습니다.

코치 2: 음. 수영을 하겠다는 생각을 하고 있군요. 이사 간 빌딩에 수영장이 있어 좋은데 현실은 어떠신데요?

고객 2: 수영을 시작해야 한다 생각하고는 있지만……. 그것이 쉽지는 않더라고요. 먼저 아들이 중2 올라가니까. 좀 일찍 학교가야 하니 출근길에 태워다 주어야겠다고 집사람이 이야기하고, 나도 녀석하고 말도 좀 하며 지내고 싶기도 하고……. 결국 수영하러 일찍 회사에 간다는 게 어려운 일이 돼버렸지요.

코치 3: 네, 모처럼 마음먹었는데……. 아쉬움이 있으신가보군요.

고객 3: 모처럼 좋은 기회지요. 그러나 아들과 아침에 학교까지 함께 간다는 것도 속으로는 기대를 하고 있지요.

코치 4: 아들보다 먼저 집을 나서 출근 전에 수영장 들리는 것보다는 좀 기다렸다 아이와 함께 집을 나서는 것을 택하셨군요…….

고객 4: 아직 철이 없긴 해 사춘기인지 모르나, 본격적으로 입다물기 전에 아들과 좀 더 친해져야겠다는 생각을 하고 있지요.

코치 5: 아. 네……. 그러시군요.

고객 5: …… 사실 저는 어렸을 때 아버님과 그리 친하질 못했습니다. 워낙 엄하신 분이니 그랬기도 했지만 아버지가 무슨 생각을 하는지 궁금하기도 했지요. 나이 들면서는 내가 아버님과 이야기를 많이 하며 자랐다면 참 좋았겠다는 생각이 자주 들곤 합니다.

코치 6: 네……. 그렇군요. 혹시 아들은 아버지에 대해 어떤 생각을 갖고 있다고 생각하시나요?

고객 6: 글쎄요. 공부도 그렇고……. 뭐 중요한 일은 다 엄마와 이야기하는 편이고, 나한테는 아이팟 사달라, 뭐 먹으러 나가자고 하니 자기 저금통이라 생각할까? 자기 편할 때나 아빠 아빠 하니까.

코치 7: 네. 그렇다면 이번 기회를 다르게 한다면 어떻게 활용하시려 하십니까?

고객 7: 글쎄요. 일단 좋은 기회이니까. 뭐 같이 가면서 이것 저것 물어보기도 하고, 좀 친해져야죠.

코치 8: 좋은 기회요……. 좋은 기회라, 무엇을 위한 '좋은 기회'라 생각하시는지요?

친구 8: 기회는 기회지요. '사춘기 아들과 제대로 관계 맺기' …… '사춘기 아들에게 아버지 역할하기'라고나 할까…….

코치 9: 음……. 네 좋은 명칭이군요. 그것을 어떤 프로젝트처럼 좀 자세히 이야기해보면 어떨까요?

고객 9: 아주 좋습니다. 그렇지 않아도 그냥 좀 마음 편히 친해보자고 생각은 했지만 요즘 아이들이라는 게 친구들 이야기 들어보면 이해할 수 없는 점도 많고, 또 한 번 관계가 어긋나면 무척 고생하더라고요. 은근히 걱정도 되었는데.

(p.92 계속)

[연습 문제]

다음 예시한 고객에 대해 목표를 분명하고 작게 자르기 위한 질문을 만들고 엮어서 질문 세트를 구성해보세요.

1. 이번 3/4분기에는 정말 매출 목표 10%를 꼭 달성해야만 합니다.
2. 첫째 딸과 이야기하면 사소한 일인데도 나도 모르게 표정이 차가워집니다. 이걸 꼭 고치고 싶습니다.
3. 시간관리가 정말 안 돼요.
4. 다음 달 정기 인사 발표가 있는데 사전 통보에 의하면 나보다 입사가 늦고 나이도 적은 김 상무가 사장으로 옵니다. 이젠 준비를 해야겠습니다.
5. '시'자 들어간 모든 사람과 안 보며 살 수 있는 방법은 없나요?
6. 다이어트를 해야겠습니다.
7. 언제부터인지 모르겠는데 아이가 학원을 안 가요. 학교에서도 벌점 1점이라는 문자가 왔어요.

[Practice 1]

1. 목표(Goals) 관련 추가 질문 만들어 질문해보기
   1) 욕망, 필요, 원함, 고픔, 비전, 가치, 의미, 소망 등과 연결하는 추가 질문
   2) 목표를 작게 만들어 갈 수 있는 추가 질문
   3) 숨겨진 목표를 드러내게 하는 추가 질문
   4) 여러 가지 목표를 다 이야기하게 하는 추가 질문
2. 상대의 대화를 들으면서도 질문 방향에 맞춰 추가 질문을 실행하여 고객과 최종 목표를 합의하는 연습
3. 위와 같은 실행을 여러 차례 해보면서 부딪친 어려움, 속에서 떠오른 의문, 짐작되는 코칭 대화 상황 등에 대해 질문 리스트를 만들어 정리하기

■ 목표 찾기 질문 1

☐☐ Q. 당신이 이야기하고 싶은 것은 무엇입니까?
☐☐ Q. 당신이 이루고 싶은 것은 무엇입니까?
☐☐ Q. 당신이 이번 분기에 목표로 하는 것은 무엇인가요?
☐☐ Q. 이번 기회에 어떤 결과를 얻고 싶으신가요?

☐☐ Q. 이번 만남에서 당신의 요구 사항 하나를 들어 준다면 무엇을 하겠습니까?

☐☐ Q. 이번 만남을 끝내고 돌아갈 때 당신은 어떤 점이 달라지기를 원하나요?

☐☐ Q. 현재 일어나고 있지 않지만 일어나기를 바라는 일이 있다면 무엇인가요?

☐☐ Q. 이 이야기를 서로 하면서 어떤 결과가 드러나면 만족하시겠습니까?

☐☐ Q. 그것이 당신에게 정말 중요한가요? 그렇다면 그것을 이야기해주시겠어요?

☐☐ Q. 속으로 중요하기 때문에 남모르게 준비하는 것이 있다면 무엇인가요?

■ 목표 찾기 질문 2

☐☐ Q. 이번 코칭 대화에서 이루고 싶은 당신의 목표는 무엇입니까?

☐☐ Q. 최근에 진행 중이거나 이루고 싶은 목표 중에 다루고 싶은 것은 무엇인가요?

☐☐ Q. 현재 당신의 계획 중에 가장 큰 걱정거리는 무엇입니까?

☐☐ SQ. 그 걱정거리가 어떤 상태가 되면 해결되었다는 생각이 들까요?

☐☐ Q. 어느 날 모든 것이 이루어졌다면 가장 먼저 떠오르는 것은 무엇인가요?

☐☐ SQ. 두 번째로 떠오르는 것은 무엇입니까?

☐☐ SQ. 두 가지 소망 중에 당신이 직접 달성할 수 있는 것은 무엇입니까?

☐☐ SQ. 그 달성 가능한 소망을 목표로 삼으면 어떻겠습니까?

☐☐ Q. 이 코칭 대화가 성공적이 되려면 어떤 결과가 나와야 할까요?

☐☐ Q. 현재 당신의 목표 중 이번 코칭 세션에서 해결하고 싶은 내용은 무엇인가요?

■ 목표 세분화 질문 1

☐☐ Q. 코칭 기간에 이루려는 목표 가운데에 오늘 코칭 세션에서 다루고 싶은 내용은 무엇인가요?

☐☐ Q. 오늘 코칭 대화가 끝나고 최종적으로 얻고 싶은 결과는 무엇입니까?

☐☐ Q. 무엇을 보면 그 목표가 성취되었다는 것을 알 수 있을까요?

☐☐ Q. 지금 말씀하신 목표의 내용을 좀 더 구체적으로 말씀해주시겠습니까?

☐☐ Q. 지금 말씀하신 목표들 가운데서 가장 중요하게 생각하시는 것을 선택한다면 어느 것인가요?

☐☐ Q. 지금 해주신 목표와 관련된 말씀을 아주 간략하게 요약해 주시겠습니까?

☐☐ Q. 그 목표를 달성하기 위해 필요한 단계가 있다면 몇 단계가 필요한가요?

☐☐ Q. 그 목표의 달성 예상 시기는 언제입니까?

☐☐ Q. 언제까지 그 목표를 달성하고 싶습니까?

☐☐ Q. '좀 더'가 의미하는 정도를 구체적으로 말씀해주시겠습니까?

■ 목표 세분화 질문 2

☐☐ Q. 목표 달성 결과를 수치화한다면 어떻게 할 수 있겠습니까?

☐☐ Q. 그것을 위한 과정에서 첫 단계 목표는 어떻게 설정하겠습니까?

☐☐ Q. 말씀하신 목표를 계단으로 표시한다면 몇 개의 계단이 남아 있습니까?

☐☐ Q. 그 목표를 이루고야 말겠다는 갈급함은 어느 정도입니까? 1~10점 점수로 표현한다면?

☐☐ Q. 그 목표가 본인에게 주는 의미는 무엇입니까?

☐☐ Q. 그 목표를 달성하는 것은 본인의 어떤 신념(가치)을 실현하는 것입니까?

☐☐ Q. 그 목표를 달성하는 것은 본인의 삶에 어떤 영향을 주나요?

☐☐ Q. 목표와 관련해 마음속의 이유나 동기가 있다면 그것은 무엇입니까?

☐☐ Q. 목표가 달성된 후 당신에게 일어나는 변화는 어떤 것입니까?

☐☐ Q. 당신의 목표가 이루어졌을 때의 모습을 떠올려 볼 수 있을까요?

■ 목표 세분화 질문 3

☐☐ Q. OO가 XX를 했으면 하는 바람의 무엇을 이야기하고 싶으신가요?

☐☐ Q. 당신이 정말로 스스로 해결할 수 있는 이슈는 무엇입니까?

☐☐ Q. 당신이 주고자 하는 도움은 무엇인가요?

☐☐ Q. 두 사람의 관계인가요, 아니면 당신의 속마음인가요? 무엇이 주제인가요?

☐☐ Q. OO의 XX과 관련하여 당신이 직면하고 있는 이슈는 무엇입니까?

☐☐ Q. 현재 자신에게 가장 도전이 되는 일이 있다면 무엇입니까?

☐☐ Q. 이것 하나만 해결된다면 인생이 달라질 것 같은 그런 것이 있다면?

☐☐ Q. 과거에 어떤 이유로든 접어 두었던 당신의 꿈은 무엇입니까?

☐☐ Q. 당신이 일생 동안 추구했던 이상이 있다면 그것은 무엇입

니까?

☐☐ Q. 지금까지 누구에게도 이야기하지 못했던 당신의 걱정거리는 무엇입니까?

■ 목표 세분화 질문 4

☐☐ Q. 당신의 목표를 떠올릴 때 가슴이 뛰는 정도를 1~10점이라고 할 때, 몇 점인가요?

☐☐ Q. 당신의 목표가 이루어졌을 때 진정으로 해결되는 것은 무엇입니까?

☐☐ Q. 그 목표를 향해 나아갈 때 어려움이 있다면 그것은 무엇입니까?

☐☐ Q. 그 목표를 달성하는 과정에서 예상되는 문제가 있다면 그것은 무엇입니까?

☐☐ Q. 그 목표가 본인 외에 다른 사람들에게 어떤 영향을 줄 수 있습니까?

☐☐ Q. 그 목표를 이루었을 때 가장 축하해줄 사람은 누구입니까?

☐☐ Q. 그 목표를 생각할 때 떠오르는 사람이 있다면 누구입니까?

☐☐ SQ. 그 사람은 이 목표와 어떤 연관 관계가 있습니까?

☐☐ Q. 그 목표에 도달하기 위해 함께 달릴 수 있는 사람이 있다면 누구입니까?

□□ Q. 목표를 이루기 위해 포기하거나 버려야 할 것은 무엇입니까?

■ 목표 세분화 질문 5

□□ Q. 목표를 이룰 수 있는 나만의 자원이나 강점이 있다면 무엇입니까?

□□ Q. 목표를 이루기 위해 있어야 하는 외적 자원이나 지원 사항은 무엇입니까?

□□ Q. 당신이 정한 목표는 당신이 직접 달성할 수 있는 범위 안에 있습니까?

□□ SQ. 현재는 불가능하지만 달성할 수 있는 확신은 1~10점 척도로 몇 점인가요?

□□ Q. 당신이 정한 목표는 정확하게 누구를 위한 것입니까?

□□ Q. 당신이 정한 목표와 관련된 모든 사건과 기억은 어떻게 만들어졌나요?

□□ SQ. 그 목표가 이루어진다면 당신의 인생은 어떻게 변한다고 생각합니까?

□□ SQ. 그 목표가 이루어지는 것이 완벽한 기쁨이 되기 위해 무엇을 고려하나요?

□□ SQ. 완벽하게 기쁜 마음으로 추진하려면 무엇이 먼저 분명해져야 합니까?

☐☐ Q. 당신이 정한 목표와 관련된 모든 기억이 없어진다면 당신은 누구입니까?

■ 목표 확장 질문

☐☐ Q. 결과적으로 목표 달성이 안 된다면 무슨 일이 일어납니까?
☐☐ Q. 예상 기간 내 목표 달성이 안 된다면 포기할 확률은 몇 %입니까?
☐☐ Q. 목표 달성을 이루기 위해 가장 먼저 필요한 조건은 무엇인가요?
☐☐ Q. 만약 어느 날 그 목표의 필요성이 사라진다면 무슨 이유 때문인가요?
☐☐ Q. 모든 것이 100% 보장된다면 무엇을 해보고 싶습니까?
☐☐ Q. 목표가 이루어진 시점에서 지금을 본다면 뭐라고 말해주고 싶은가요?
☐☐ Q. 당신의 목표를 위해 오늘 당장 이루어야 하는 목표는 무엇입니까?
☐☐ Q. 지금 하지 않아서 1년 뒤면 분명히 후회하게 될 일이 있다면 무잇인가요?
☐☐ Q. 당신이 정한 목표는 바람직한 목표입니까? 아니면 자신이 바라는 목표입니까?

☐☐ Q. 목표 설정에 혹시 타인의 영향이 있어서 수정한다면 어떻게 수정할 건가요?

[토론]
1. 목표를 세분화하는 것이 왜 중요한가?
2. 목표를 세분화해 '세션 목표'로 고객과 합의해야 하는 이유는 무엇인가?
3. 목표 세분화를 위한 방법을 열거해 보자.
4. 복잡한 목표, 세분화가 어려운 경우는 어떤 경우인가? 충분히 상상해 열거해 보자.

2. 충분한 현실 점검

우리가 처한 현실은 모두에게 언제나 요철㎲처럼 **울퉁불퉁하며, 시간에 따라 수시로 변화**한다.

세션 목표가 합의되면, 다음으로는 합의한 주제를 중심에 두고 현실 조건을 점검한다. 아래 [그림 2.3]과 같이 세션 목표를 중심으로 4분면을 빙 둘러 점검한다는 이미지이다. 4분면은 수학자이자 철학자인 데카르트가 발견했다고 알려졌다. 흔히 X, Y 두 축으로 평면을 나눠 4개의 면으로 구성된 좌표 평면을 말한다. 필자는 이것

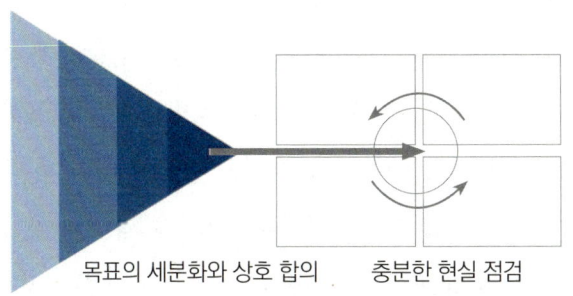

목표의 세분화와 상호 합의   충분한 현실 점검

[그림 2.3] 충분한 현실 점검

이 상징하는 의미로 '생각할 수 있는 모든 것을 다 점검한다'는 의미로 이해한다. 다음 3장에서 보듯이 코치는 점검해야 할 주제에 맞게 현실 점검 4분면을 자유롭게 활용하여 대화를 이끌어갈 수 있다.

고객이 자신의 현실을 충분히 점검하게 네 부분에 랜턴을 비춰 주면 고객은 질문에 대답하며 현실을 자기 시각과 다르게 보고, 못 보는 것도 발견하고, 새롭게 살펴보는 것을 돕는다. 어떻게 해야 이것이 가능한가? 먼저 ①4분면 이미지를 갖고 고객과 이야기하기로 합의한 세션 목표를 중심으로 돌아가며 고객이 주장하는 현실에 대해 충분히 점검한다. ②시작은 코치로서 궁금하거나 호기심이 가는 부분에 랜턴을 비치듯 질문한다. 하지만 대답을 하는 고객의 입장에서는 세션 목표를 둘러싼 **상황**이나 해야만 하는 **이유**나 결심의 **계기**를 설명하게 되고, 코치의 질문에 대답하면서 점차적으로 복잡한 현실 조건이 정리되거나 새롭게 **발견**하는 소득을 얻는다. ③코치로서는 세션 주제나 목표에 따라 특별히 탐색해야 할 현실 점검 사항에 주의를 기울인다. 고객의 상태나 주제에 적합한 현실 점검의 다른 틀(4분면, 3장 참조)을 적극적으로 활용하여 고객 현실을 탐색하게 하고 자각을 돕는다. ④현실에 대한 충분한 탐색, 새로운 **발견**, 이 과정에서 얻게 되는 고객의 새로운 자각은 바로 다음 단계인 실행 방안 마련과 실행에 결정적인 영향을 미친다.

우리는 언제나 자기 현실을 잘 파악하려고 노력한다. 자기 현실은 자신이 가장 잘 알고 있다. 그렇지만 그것은 자신만의 현실 인식-점검 방식이다. 대부분 자기 '사고 틀'이라는 상자 안에서 벗어나기 어렵다. 바다 물고기가 바다 밖의 상황과 현실을 알 수 없는 바와 같다. 그렇다면 바다 위로 날아 오르는 날치flying fish는 어떠한가? 물 속에 있을 때는 몰라도 물 밖에 나오면 자신이 물 속에 있었다는 것을 알까? 날치 역시 물 밖으로 튀어나왔다가 들어가듯 바닷속과 밖을 넘나들기가 쉽지만은 않다. 날치도 자신이 위협을 느껴 극도의 불안으로 도망칠 때만 가슴 지느러미를 이용해 물 밖으로 튀어 오르게 된다. 위협에 도망치고 사력을 다해 현재 위치에서 도약할 수밖에 없고 그러다 보니 물 밖으로 나오는 것이다.

우리 역시 특별한 **계기**가 주어지지 않으면 상자 밖을 나와 자기 현실 전체를 조망하기 어렵다. 자기 머리키락을 부여잡고 앞으로 끌면서 스스로 늪에서 빠져 나올 수 없다. 현실을 벗어나려고 발버둥치면 점점 더 늪으로 빠질 뿐이다. 무엇인가 **방편**을 스스로 마련하여 이를 붙들고 늪을 빠져나오거나, 누군가의 손을 잡아야만 밖으로 나올 수 있다.

우리는 대상을 자기 방식대로 인식하며 자기에게 주어진 현실을 구성한다. 내용은 저마다 모두 다르다. 또 지나간 과거는 신神도 바꿀 수 없으며, 미래는 언제나 앞에 있을 뿐 오지 않는다. 지금 서 있는 현재를 새롭게 만들 수 있는 것은 오직 **지금 현재**에 있는 자신의 노력뿐이다. 과거로부터 벗어나는 길이나 오지 않은 미래를 내 것으로 준비하고자 한다면 별다른 방법이 없다. 오로지 지금-여기 Here & Now에 서서 현실을 지속적으로 재구성하는 길이 유일하다. 오늘에 서서 만들어 나갈 지금의 현실을 부단히 스스로 다시 구성해야 미래가 새롭게 되고 내 것이 될 수 있으며, 자신을 잡고 있는 과거와도 떨어져 다르게 볼 수 있다. 현실을 언제나 새롭게 창조하는 것이다. 방법은 매 순간 깨어 있고, 완전히 의식하고 있는 상태 be fully conscious에 머물며 현재에 집중하는 것이다. 코치는 고객이 **의식적 자각**을 통해 현실을 다시 보고, 재구성하고 새로운 현실을 창조하는 **협업자이자 공동 창조자로 고객과 마주** 서며 **함께** 한다.

(1) 고객의 현실 세계 살펴 보기

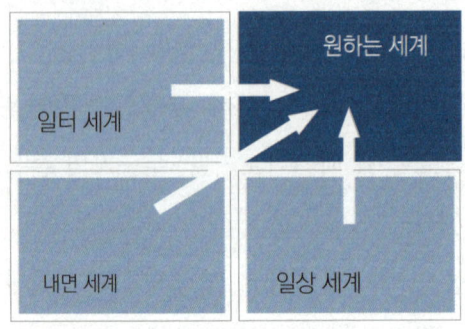

[그림 2.4] 고객이 갖고 있는 네 개의 세계

고객이 갖고 있는 현실 세계는 적어도 네 개의 세계가 있다. 먼저 일상 세계 - 조직 세계 - 일터 세계가 있다. 또 사적 개인만 보면 일상 세계, 다른 누구도 절대로 알기 힘든 자기 내면 세계로 더 나뉘진다. 목표 단계에서 합의한 세션 목표를 중심으로 고객 현실에 적용해 '현실 점검을 충분히' 한다고 할 때, 점검해야 할 현실은 바로 이와 같은 여러 가지 현실 세계이다.

고객과 합의한 목표와 관련된 현실(조건)이지만 **지금** 직면하고 있는 현실(세계)이다. 논의하는 목표와 주제가 일터와 관련되는가, 그렇다면 **일터 세계**를 검토해야 한다. 그렇지만 이 일터 세계는 조직 속에 있고, 조직과 상호작용하는 개인이다. 고객의 **내면 세계**와 관련 되는가, 그렇다면 이 세계는 자기self, 자아ego가 역동하는 심리구조를 갖고 있는 심리적 개인 세계이다. 이것이 내면 세계이다. **생활 세계**는 어떠한가? 일상의 생활은 조직 생활과 다른 대인관계에 따른 행동 패턴, 언어 패턴이 드러날 뿐만 아니라 휴식과 재충전의 사적 공간이며 독립 세계이다. 이제는 이 심리 내적 세계도 나뉘져 있다. 게임 세계, SNS 세계, 환상의 세계 등을 예로 들 수 있다. 이곳에서 직면하는 현실과 과제, 심지어 정체성은 고객의 또 다른 일부이다. 물론 이 모든 세계의 현실은 상호 연결되어 있고 고객이 취하는 태도는 모두 다를 수 있고 독특성이 있다. 각 세계 마다 자기 모습이 비춰지는 거울을 보고 가면을 선택하고, 필요한 가면을 쓰고 각각의 현실에 대처한다. 각 세계에서 표현된 정체성은 상황과 고객의 방어전략에 따라 다를 수 있다.

마지막으로 고객은 자기가 **원하는 세계**를 갖고 있다. 이 세계는 다른 세계에서 갖게 된 소망과 소원으로 구성된다. 이미 환상, 꿈, 게임, 인터넷 공간 등 어디엔가 숨겨 두고 관리하기도 한다. 이 감춰진 원하는 세계와 접촉하지 않으면 코치는 고객 이해에 아쉬움을 갖게 된다.

무엇보다 코치는 고객이 갖고 있는 다양한 세계에 대한 질문이 필요하다.

□□ Q. 직장에서는 어떤 사람인가요?
□□ Q. 일상 생활에서는 그 과제를 어떻게 하고 계신가요?
□□ Q. 직장과 가정에서 전혀 다르게 행동하시는데 어떤 모습이 자신이 원하는 모습인가요?
□□ Q. 정말 속마음은 어떻습니까?
□□ Q. 그런데도 갖고 있는 진정한 소원이 있다면 무엇인가요?
□□ Q. 만들고 싶은 현실 조건은 어떤 것인가요?
□□ Q. 그것이 정말 당신이 원하는 세계인가요?
□□ Q. 다시 시도한다면 어떻게 만들고 싶으신가요?

질문의 시작이 어디든 고객은 코치와 함께 새로운 현실을 창조한다. 이른바 자기가 **원하는 세계**를 갖고 있다. 코치는 어떤 현실이든 ①현실 세계를 다르게 볼 수 있는 **기회**(관점 전환)를 제공하며, ②현재 접촉하고 있는 경험에서 (새로운) 배움을 얻도록 **성찰 공**

간을 함께 만든다. 성찰 공간에서 고객은 자신이 원하는 세계를 더 뚜렷이 그릴 수 있기 때문이다. ③원하는 세계로 고객을 끌고 가는 끌개가 곧 고객의 **비전**이며, 이를 가능하게 하는 담당자가 바로 고객이 새롭게 발견하거나 구성하는 **정체성**이다(코칭 A to Z. 실전 코칭.『고객 분석과 코칭 기획』예정). 또 ④변화를 위해 현재와 목표와의 **차이**를 명확히 한다. 변화라는 것은 딛고 있는 현재를 정확히 알아차릴 때 가능하다. 현실을 인식하고, 또 현실을 딛지 않고서는 변화가 가능하지 않다. 변화의 세계가 곧 두 사람이 함께 창조하는 세계가 된다.

우리는 지금 생활하고 있는 현재 생활과 감정에 접촉하며 살아야 하고, '경험으로부터 배우기'(Wilfred R. Bion, 2012)가 가능해야 한다. 지적 이해, 자료 분석에 머무는 것이 아니라 '현재' 경험에 접촉하고 이를 통해 배울 수 있어야 한다. 이는 경험에 대한 정서적 성찰, 감정적 검토를 감당해야만 가능하다. 보람을 느끼거나 기쁨, 즐거움을 준 경험, 불안이나 두려운 경험, 시기심 등 ……. 경험에서 초래된 정서를 자기 것으로 받아들일 때 '경험을 통한 배우기'가 가능하다. 그렇지 않으면 그것은 지식이나 공허한 말로만 남는다.

현재 감정 느끼기를 거부하거나, 억누르며 생활하는 사람, 감정 따위는 중요하지 않다고 하는 경우 이를 코칭에서 주목하는 이유가 있다. 현재 감정을 접촉하지 않는 것은 곧 현재 삶과 접촉하지 않고 외면하는 것이다. 이는 곧 자기만의 생각, 고정된 틀, 단조로운 삶을 반복하게 만든다. 이는 사색이 빈약하고 성찰이 부족한 생활이다. 오랫동안 자기의 관점, 사고 방식, 사태에 대한 결론 등을 고정해 두고 모든 상황이나 변화하는 현실에 끼워 맞추는 태도이다. 배움과 공부를 위해서는 자신의 (변화된) 위치에 서서 자신의 상황에서 모든 텍스트를 보는 게 필요하다. 동일한 텍스트라도 변화한 위치와 상황에 근거해 살펴보면 새롭고 다양한 모습이 눈에 들어오고 결론이 달라진다.

모든 책임은 시키는 사람에게 있다. 내 위치에서는 시키는 대로 시키는 것만큼만 하면 된다는 태도 역시 큰 차이가 없는 태도이다. 생각하기thinking와 성찰을 거부하는 태도이다. 이런 태도는 내면을 부패로 이끌고 결국 독성毒性 toxicity을 지닌 인격이 된다.

감정은 오로지 현재의 것이고 충분히 느끼면 **정서적 경험**이 된다. 부정적 감정조차도 충분히 느껴서 지나가게 해야 한다. 그래야 불안에 견디는 힘이 길러진다. 그렇지 않으면 기억과 합쳐져서 몸에 남는다. 이런 감정 경험은 비슷한 사례에 직면하면 놀러둔 감정이 되어 올라온다. 그러면 하던 일도 멈춰버리거나, 동기가 불타지 않고 시들어버린다. 때로는 지나친 격노激怒 rage가 되어 타인을 공격한다.

현재 생활과 실상에 발 딛지 않고, 접촉을 거부하며 과거의 회상에만 머물러 있거나, 미래만을 주목하는 삶은 **충만감**fullfilment이 떨어진다. 요철처럼 다양하고 시시때때로 변화하는 현실 경험에서 새롭게 배우는 능력이 둔화된다. 또 누구든 자신의 현재를 직면할 수 있어야 하며 **적절히 기능하고 대처**할 수 있어야 한다. 이것이 잘 **기능하는 삶**이다. 참고 지내거나, 미래로 유보하는 생활 방식은 현재 변화를 거부하는 것과 별 차이가 없다. 과거에 지배를 받게 되거나 오지 않은 미래가 신기루로 남아 있는 삶이다.

현재를 다른 관점으로 볼 수 있고 이를 통해 성찰할 수 있어야 한다. 하지만 생활하다 보면 ①일정기간 동안 과도한 스트레스 상황 ②소화하기 힘든 사건 ③예측이나 역량을 넘는 과제 ④지속적으로 소진하게 만드는 관계 등으로 위와 같은 기능의 일부가 취약해질 수 있다.

생활 패턴이나 대인 관계 패턴, 과제 해결 방식, 판단이나 결정의 우선순위가 오랫동안 고정되어 있으면, 변화하는 환경이나 대인 관계에서 더는 기존의 방식을 유지하기 힘들고 마찰이 늘어 난다. 기존의 자기 방식이 더는 통하지 않게 된다. 고객들 대부분은 이때 코치를 찾는다. 이 경우 해결을 위한 모든 실마리는 현실 생활 안에 있다. 현실 검토에 따라 **다양한 해결책**, **새로운 생각**이나 **변화해야 할 행동**이 찾아지고, 현실을 얼마나 **깊이 있게 성찰**하는가에 따라 생활이 새로운 차원으로 올라서게 된다. 코치가 목표 못지않게 공들여야 할 부분도 이런 것이나.

코치는 고객이 처음 입을 열 때부터 고객의 현실 상황에 대한 다양한 정보와 고객의 생각에 주목한다. 목표가 합의된 뒤에는 **목표와 관련한 현실 조건**에 더 집중한다. 하지만 고객관련 모든 현실은 서로 연결되어 있기 마련이다. 여기서 현실 조건이란 대략 네 가지이다. 구체적 **상황**, 상황 안에 있는 특정한 **사건**, 사건과 관련된 **사람**, 그 현실의 주인이자 주인공인 고객 자신이 주장하는 **사실과 진실**을 말한다. 세션 목표와 관련한 이런 네 가지 요소에 코치가 주목한다. 고객 이야기가 불분명하면 명확하게 구별하도록 요청할 필요가 있으며, 반복되거나 상호 불일치하면 그 이면을 탐색한다.

상황-사건-사람-사실 관련 질문

☐☐ Q. 우리가 논의할 주제/목표와 관련해 좀 더 구체적으로 설명해주겠습니까?

☐☐ Q. 그것으로 인해 그곳에서 어떤 일이 벌어지나요?

☐☐ Q. 그 일이 당신과 어떤 관련이 있는지 핵심을 이야기해주겠습니까?

☐☐ Q. 그 일과 관련된 핵심 주장은 무엇인가요?

☐☐ Q. 그것이 사실인가요? 당신의 판단인가요?

☐☐ Q. 그 주제를 어린 아이의 눈으로 보면/상대방의 눈으로 보면 어떤 건가요?

☐☐ Q. 90도 정도 다른 시각에서 보면 어떤 상황인가요?

☐☐ Q. 고객님과 그 사람이 저울에 올라가면 누가 더 책임이 있나요?
☐☐ Q. 지금 그 목표와는 몇 계단 차이가 있나요?
☐☐ Q. 현재는 어떤 상황인가요?
☐☐ Q. 그 일을 하고자 결정한 특별한 계기(사건)가 있다면 무엇인가요?
☐☐ Q. 그 일에 대해 가장 잘 알고 있는 사람은 누구인가요?
☐☐ Q. 어떤 일이 있었는지 좀 더 자세히 말씀해 주시겠습니까?

(2) 네 가지 눈으로 현실 보기

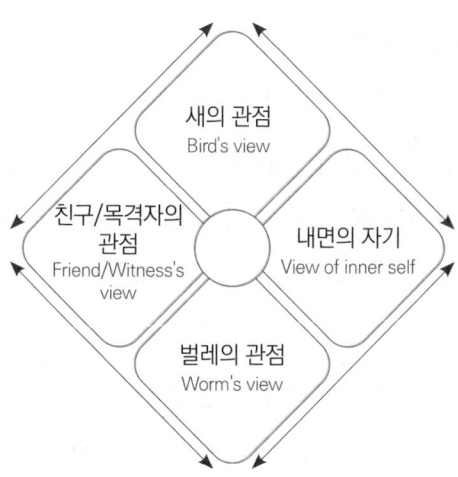

[그림 2.5] 성찰 대화를 위한 네 가지 관점

진정한 목격자 witness는 함께 함 withness으로써 가능하다.

목표와 관련된 현실 상황은 구체적이고 특별한 상황이다. 그 상황은 그것을 보는 사람이 구성한 그의 것이다. 그런 현실을 보는 사람이 다르게 보지 않으면 그 현실은 변화하지 않는다. 또 사람들은 저마다 나름대로 현실을 보는 방식, 관점이 있다. 코치는 바로 이것에 도전한다. 현실 전체를 다시 보고 다양하게 보도록 촉구한다.

현실 전체를 [1]벌레의 시각worm's view으로 자세히 만지고 살펴보거나, [2]새의 시각bird's view으로 위에서 전체를 조망하듯 내려다보면 같은 상황도 다르게 보인다. 또 자신의 생각과 처지를 잘 알고 있으면서도 거리를 두고 볼 수 있는 [3]친구의 관점, 역지사지로 상황을 상대의 입장에서 보면 못 보거나 안 보였던 것도 새롭게 발견할 수 있다. 나아가 고객 자신의 [4]내면의 눈으로 다시 살펴보면 감춰두었던 의도나 자기 패턴에 대한 자각을 얻게 된다. 코치는 네 가지 관점과 그 이상의 시각으로 현실을 검토하도록 질문한다.

이때 코치는 고객이 주장하는 현실, 사실 속에 있는 진실, 새로운 변화의 순간에 대한 **목격자**, 그동안 아무도 알지 못했던 고객의 현실에 대한 **증언자**로 함께 한다. 코치는 고객이 처한 상황과 그가 한 노력, 남들에게는 보이지 않지만 그의 이야기를 들어 비로소 알게 된 진실에 대한 증언자/목격자로 고객과 함께 한다. 코치가 **공감을 통해 알게 된 고객 내면 세계에 대한 진정한 믿음으로 고객을**

이해하며 새로운 현실, 원하는 현실에 함께 한다.

- ☐☐ Q. 높게 나는 새의 눈으로 그 상황을 보면 어떻게 보일까요?
- ☐☐ Q. 베란다에서 현 상황을 내려다 보면 어떻게 보이나요?
- ☐☐ Q. 개미처럼 낮은 눈으로 하나하나 더듬듯 이야기해주시겠습니까?
- ☐☐　 SQ. 새롭게 알게/보게 된 것은 무엇인가요?
- ☐☐ Q. 지하실에서 창문을 통해 올려다 본다면 어떻게 보일까요?
- ☐☐ Q. 가장 절친한 친구로서 제3자로 살펴본다면 어떤 모습/상황일까요?
- ☐☐　 SQ. 신뢰하는 친구라면 이 상황을 무엇이라 이야기할까요?
- ☐☐ Q. 정말 양심의 눈으로 본다면 어떻게 이야기하겠습니까?
- ☐☐ Q. 내 안에 있는 또 다른 나는 어떻게 이야기할까요?
- ☐☐ Q. 본인이 알고 있는 진실을 솔직하게 이야기해주시겠습니까?
- ☐☐ Q. 저야말로 고객님의 노력/진실을 정말 이해할 수 있습니다. 혹시 제가 알아야 할 것이 더 있나요?

[코칭 대화 예시 3] 현실 점검

2장 p.67 [코칭 대화 예시 2]에 이어서

코치 10: 본인은 아들에게 어떤 아빠라고 생각하시나요?

고객 10: 저는 먼저 아들하고 친구처럼 지내자는 생각입니다. 뭐 제가 특별히 잘하는 것도 없었고 좋은 말을 한다고 해도 내가 잘 지키지 못하는 것을 아이에게 이야기해봤자 다 소용없는 일 아닌가요?

코치 11: 친구 같은 아빠. 참 좋은 생각입니다. 그러면 아내 분은 고객님이 아이에게 어떤 아빠라고 생각하는지 물어보신 적 있으신가요?

고객 11: 물어보기보다는 …… 마누라는 밤낮 아이와 이야기 좀 하라고 하지요. 무조건 아이들이 달라고 하거나, 가자고 하는 것에 yes, yes 하지 말고. 특히 딸 아이 그만 붙들고 아들에게 관심 가지라고 합니다.

코치 12: 딸아이 하고 더 잘 지내나 보군요…….

고객 12: 5학년이 되어서도 항상 엄마보다는 제 옆에 매달려 있지요. 애교도 많고 …… 말도 많이 하고 시간 가는 줄 모르죠 뭐.

코치 13: 그렇다면 본인이 알고 있는 아들은 어떤 아들인가요?

고객 13: 절 많이 닮았다고 생각해요. 고집이 센 편도 아니고, 좀 길게 설명한다면 엄마 아빠 말을 잘 듣는 편이에요. 공부도 꾸준히 하고 있고, 게임도 엄마와 약속한 시간에만 하는 편이고. 축구보다는 자전거 타는 걸 좋아하고. 1,000 조각 그림 퍼즐 맞춘다고 사놓고는 거실에 한 달째 깔아만 놓고 엄마와 막내와 서로 미루며 있지요. 이젠 서로 이리저리 피해 다녀요.

코치 14: 네 화목하고 참 보기 좋군요. 아들에 대해 조심해야겠다. 좀 알아야 겠다 하는 점이 있다면 어떤 점들인가요?

고객 14: 회사에서 하는 독서아카데미에 참여한 적이 있는데 강사님이 그런 말을 하시더군요. 마틴 루터킹 평전을 보면 루터 킹이 10대 때 YMCA에서 주최하는 댄스 파티에 참석했대요. 그곳에서 만난 독일계 백인 소녀와 데이트를 했는데 귀가 시간 규칙을 어기고 좀 늦게 들어왔다는군요. 킹 목사 아버지도 물론 목사였죠. 매우 엄하고 가부장적이었나 보죠. 그 일로 루터 킹이 아버지에게 매를 맞았다더군요……. 강사는 그것이 킹 목사에게 잊을 수 없는 상처가 되었고, 그로 인해 자신이 백인 소녀와 관계가 끊어지게 된 것이 백인, 피부색에 대한 환상을 갖게 했다고 하더군요. 아! 이런 심리적 분석은 *FBI*가 당시 분석했다는 겁니다만……. 강사님 생각이 아니고. 그걸 들으며 킹의 속생각을 묻지도 않고 규칙을 강조하며 아들을 때린 아버지가 눈에 들어오더군요. 아들도 참 황당했겠다……. 그래서 적어도 난 아들 속마음은 알고 지내야겠다는 생각? 물론 저도 아버지에게 제 속마음을 한 번도 이야기해보며 크질 못했지요…….

코치 15: 네……. 참 좋은 생각이십니다. 아들의 속마음을 이해하려는 아빠라……. 따뜻한 마음이 제게 전해지는군요. 지금은 아들의 속마음을 얼마나 알고 계시다고 생각하시나요?

고객 15: 글쎄요. 하는 짓을 보면 속마음이 있나 싶기도 하고, 속으로는 어떤 생각을 하고 있나 궁금하기도 하고. 내가 너무 의욕이나 관심이 앞선 건 아닌가 하는 생각도 들고 일단 알아야겠다는 생각이지요.

코치 16: 그렇다면 '사춘기 아들에게 아빠 되기' 프로젝트와 연결해서 본다면 '아들의 속마음 알기'가 관련이 있어 보이는데.

고객 16: 물론이지요. 사춘기 아들 속마음 아는 아빠 되기니까……. 매우 중요하지요.

(p.113 계속)

[연습 문제]

다음 예시한 고객 현실을 다양하고 깊게, 못 보거나 숨기는 부분을 서로 바라볼 수 있게 질문을 만들고 엮어서 질문 세트를 구성해보세요.

1. 업계 전반이 안 좋지만 대기업에 대한 정부의 규제정책이 더 문제입니다.
2. 나도 왜 그런지 알고 있고 조심하려고 하는데도 안 돼요. 첫째에게 기대가 너무 큰 것 같아요.
3. 다이어리, 알람, 자기계발 책이나 강사가 하라는 것은 다 해봤어요. 변하는 건 쉽지 않네요.
4. 전혀 예상하지 못한 것은 아니지만 아시다시피 외국계 회사라 나이를 중시하는 문화는 전혀 없습니다. 그러나… 실상은 다릅니다.

5. 친정 올케나 형부들이 어머니 아버지에게 하는 꼴을 보면 속에서 불이 나요.

6. 나도 한때는 다이어트 전문가라 친구들 상담해줬지요. 디톡스detox가 대세 아닌가요?

7. 아이가 학교에서 무슨 일이 있었는지 전혀 이야기를 안 해요. 아이 친구 엄마에게 물어보기도 창피해요.

[Practice 2]

1. 현실(R)에 관련된 추가 질문 만들어 질문해보기
   1) G → R 각 단계로 질문 방향을 연결하여 추가 질문 익히기
   2) 목표와 관련된 현실 조건, 긍정성, 디딤돌이 될 수 있는 장애물 관련 질문
   3) 생각해보지 않았던 새로운 현실 조건 발견해보기, 이면 들춰보기 등과 관련한 질문
   4) 목표와 현실과의 차이 인식 및 고객과 합의하기 위한 질문
2. 목표-현실-GAP-고객과 합의 등을 연결하여 실행해보기
3. 위와 같은 실천을 여러 차례 해보면서 부딪친 어려움, 속에서 떠오른 의문, 짐작되는 코칭 대화 상황 등에 대해 질문 리스트를 만들어 정리하기

■ **현실 조건 탐색 질문**

☐☐ Q. 현재 어떤 일이 일어나고 있습니까?
☐☐ Q. 당신은 이것이 진실이라는 것을 어떻게 알았습니까?
☐☐ Q. 이 일이 언제부터 일어났나요? 가능하면 정확히 이야기해 줄 수 있나요?
☐☐ Q. 이런 일이 얼마나 자주 일어났나요? 구체적으로 이야기해 줄 수 있나요?
☐☐   SQ. 그것이 어떤 영향을 미치고 있나요?
☐☐   SQ. 그렇다는 점을 어떻게 증명할 수 있습니까?
☐☐   SQ. 그 밖의 다른 일이 있다면 그것은 무엇인가요?
☐☐ Q. 누가 이 일에 관여 되어 있는지 이야기해줄 수 있나요?
☐☐ Q. 그들은 이 상황을 어떻게 알고 있습니까?
☐☐ Q. 이제까지 당신은 어떤 노력을 기울였습니까?

■ **커리어 코칭 - 현재 포지션 점검 질문**

☐☐ Q. 당신의 현재 역할에서 변화를 주거나 발전하길 원하는 점은 어떤 것입니까?
☐☐ Q. 당신에게 그런 변화가 얼마나 중요한가요?
☐☐ Q. 지금 그런 변화를 이뤄낸다면 당신의 현재 상황에 얼마나

많은 유익함을 줄 것으로 생각하나요?

☐☐ Q. 그런 변화를 만들기 위해 필요한 첫걸음은 무엇인가요?

☐☐ Q. 그런 변화를 만들어내기 위해 필요한 것은 무엇인가요?

☐☐ Q. 이상적으로 생각해본다면 당신의 현재 역할을 어떻게 끝내고 싶은가요?

☐☐ Q. 당신의 직무에서/ 당신이 하는 일중에서 당신에게 중요한 것은 무엇인가요?

☐☐ Q. 긍정적 변화를 이루기 위해 당신이 할 수 있는 첫 번째 작업은 무엇인가요?

☐☐ Q. 당신의 현재 역할에서 변화를 주거나 발전하길 원하는 점은 어떤 것입니까?

☐☐ Q. 당신에게 그런 변화가 얼마나 중요한가요?

■ 부정적 신념 관련 질문 1

☐☐ Q. 무엇이 그런 반복을 만들어 내고 있을까요?

☐☐ Q. 그 반복의 고리를 끊어 낼 방법은 무엇이겠습니까?

☐☐ Q. 그 반복의 고리를 끊기 위해 당신이 당장 해야 할 것은 무엇입니까?

☐☐ Q. 그 반복의 고리를 끊어 내는데 있어서 치명적으로 어려움이 있다면 무엇인가요?

□□ Q. 그런 치명적인 어려움은 어디서 온다고 생각하십니까?

□□ Q. 당신에게 그런 치명적인 어려움이 있다는 것이 사실입니까?

□□ Q. 그런 치명적인 어려움이 없다면 당신은 어떻게 되었습니까?

□□ Q. 그런 생각이 없는 당신은 고리를 끊기 위해 무엇을 할 수 있나요?

□□ Q. 당신이 실패했다고 생각할 때 내면에서 들려오는 소리가 있다면 무엇인가?

□□ Q. 당신이 실패했다는 생각을 바꾸어 놓을 다른 생각이 있다면 그것은 무엇인가요?

■ 부정적 신념 관련 질문 2

□□ Q. 혹시 지금의 실패가 당신에게 주는 유익한 점이 있다면 무엇입니까?

□□ Q. 당신의 실패가 당신 주위에 주는 영향은 무엇입니까?

□□ Q. 실패의 원인이 당신이라면 당신이 한 것은 정확하게 무엇입니까?

□□ SQ. 그것을 한 당신을 바라보면 어떤 느낌이 듭니까?

□□ SQ. 그것을 한 당신을 변호한다면 어떤 말로 변호하겠습니까?

□□ SQ. 그것을 한 당신을 위로한다면 어떤 말로 위로하겠습니까?

□□ SQ. 그것을 한 당신은 자신에게 어떻게 책임지겠습니까?

□□   SQ. 실패한 당신을 일으켜 세울 단 한마디가 있다면 무엇입니까?

□□   Q. 당신의 실패가 성공으로 전환되기 위한 결정적인 포인트는 무엇입니까?

□□   SQ. 그 포인트를 다른 말로 표현하면 무엇이라 할 수 있습니까?

■ 부정적 신념 관련 질문 3

□□   Q. 그 포인트를 한 장의 사진으로 만든다면 어떤 장면입니까?

□□   SQ. 당신이 직접 그 장면에 들어간다면?

□□   Q. 실패했다고 생각하는 당신은 지금 어떤 모습입니까?

□□   SQ. 만일 성공했다면 당신은 지금 어떤 모습입니까?

□□   Q. 실패했다는 생각을 하면서 성공과 연결된 사물이나 생물을 떠올린다면 무엇인가요?

□□   SQ. 그 느낌(생각)과 함께 드는 생각(느낌)은 무엇입니까?

□□   Q. 실패했다는 생각의 늪에 빠진 당신에게 손을 내밀어 잡아줄 사람은 누구인가요?

□□   SQ. 당신은 그에게 무엇이라 말하며 도움을 요청하겠습니까?

□□   SQ. 당신은 그를 위해 무엇으로 보답하겠습니까?

□□   SQ. 당신과 그가 함께 할 수 있는 약속은 무엇입니까?

3. 다양한 선택(Options)

GROW-candy 모델의 세 번째는 '다양한 선택 방안'을 마련하는 단계이다. 세션 목표를 중심으로 현실(조건)을 새롭게 검토했다면, 이를 바탕으로 해결방안/대안을 폭넓게 모색하는 것이 목적이다. 실행할 것 한 가지를 선택하는 것은 그 다음이다. 여기서는 현실 점검을 바탕으로 상상할 수 있는 많은 대안, 선택지를 열거해 보는 것이다. [그림 2.6]의 이미지처럼 최소한 8개까지 만들어보고 그 가운데 파이 한 조각 선택하듯 한 가지를 선택한다.

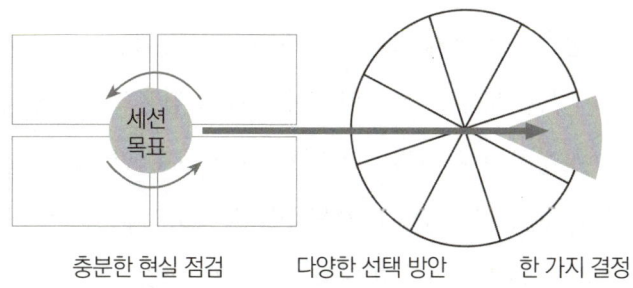

[그림 2.6] 다양한 선택

세션 목표를 중심으로 코치와 같이 검토한 고객의 현실은 이제 다른 현실이다. '함께 검토한 현실', 즉 **새로운 현실**이 된다. 충분한 점검으로 만들어진 '새로운 현실'은 고객에게 다른 해결책, 새로운 방안, 확대된 선택지를 손에 쥐게 한다. 협소하게 바라보고 답을 찾아 왔다면 이제는 현실을 다르게 넓게 보고, 떨어져서 해결책을 편하게 구상한다. 코치의 질문과 새로운 의문을 갖고 현실에 근거해 새로운 방안 마련을 모색하게 된다. 고객은 현실 단계에 대한 검토 결과가 명료할수록 선택지는 오히려 자연스럽고 다양해진다. 가벼운 목소리 톤과 미소, 에너지가 높아지게 되고, 방안 마련을 위한 질문-대답도 한결 쉬워진다. 이런 상태에서 새로운 아이디어를 찾아 브레인스토밍하듯, 선택 가능 방안을 열거하는 대화가 되면 매우 이상적이다. 다만 아이디어라는 것은 연약한 새싹과 같기에 아무리 작고 사소한 것이라도 소중하게 다루지 않으면 쓸 만하게 성장하지 못한다는 점을 코치가 유념해야 한다.

선택 방안은 고객에게서 나와야 한다. 먼저 [1]그동안 자신이 실행해 온 모든 것을 **거리를 두고** 떨어져서 **다시 검토**하는 작업에서 시작한다. [2]**부정**하거나 **외면**했던 일도 다시 보고 확인한다. 잘했던 일, 성공한 경험, 어려웠던 해결책들을 살펴보고 가다듬어야 할 것이다. 만약 그것이 과거의 미진한 실천 때문이었다면 버리지 말고 더욱 소중히 검토해야 한다. 섣불리 무시하는 것은 **미진한 실천과**

결과에 대한 고객 자신의 감정 때문일지 모른다. ③생각으로만 어루만지고 있었던 방법도 다시 현실로 가져와 방법을 궁리하는 게 필요하다. 현실 인식이 달라졌기 때문에 어떤 길이 새롭게 보일 수 있다. ④실패했던 기억에서는 교훈을 찾아보고, 성공했던 방법일지라도 반복하지 말고 새롭게 보강해야 한다. 같은 시도를 반복할 필요가 없기 때문이다.([그림 3.7] 참조)

이같은 작업은 고객과 코치가 같이 검토했던 현실Reality과 고객의 자원Resource(3장 참조)에 근거해야 하기 때문에 필요하다면 앞 단계 현실 점검과 자원 개발로 다시 갔다 올 수 있다. 특히 **실패의 교훈**은 새로운 아이디어만큼 소중하다. 실패의 교훈을 스스로 밟아 버리는 경우가 많기 때문이다. 타인의 아이디어를 밟아보거나 밟혀본 사람일수록 자기 아이디어를 주목하지 못한다. 타인의 시도를 놓치지 않고 비평해온 사람일수록 자신이 시도하다 좌절된 실패는 되돌아보지 않기 때문에 교훈 찾기를 위한 의욕이 약하기 마련이다([그림 3.8] 참조).

고객이 아이디어나 방안 마련을 힘들어 하거나, 겨우 한두 가지를 조심스럽게 꺼낼 수 있다. 아무리 작은 것이라도 잘 자라도록 **가꾸는 일**gardening은 성장과 개발, 양육에 매우 중요하다. **정원사로서의 코치**는 섣불리 씨앗이 움트기를 재촉하지 않는다. 따뜻함과 수분 같은 환경이 되어주고 기다림의 손길로 함께 한다. 코치의 지지, 지원, 공감, 인정과 칭찬, 격려 등은 이를 위해 매우 중요한 방법이자 자세이다.

고객은 매 순간 자신이 할 수 있는 최선을 다하고 있다. 그러나 타인들로부터 이런 노력과 미세한 변화를 쉽게 인정받지 못했다. 사람들이 사실과 변화에 주목한다 할지라도 '기자의 눈'으로 본다면 쉽게 알아차리기 어렵다. 변화의 내적, 외적 **원인과 해명**을 중심으로 하기 때문이다. 심지어 같이 있기 때문에 가장 잘 안다고 생각하는 선생, 부모, 배우자, 동료의 눈으로는 작은 변화를 알아보기 어렵다. 세션 안에서 고객과 대화를 나누고, 함께 해온 코치만이 **작은 변화와 그 진동**, **여파**를 알아볼 수 있다. 심지어 그것이 불분명하다면 긍정적 시각을 갖고 질문한다.

'그렇군요'와 '그런데 말이에요'…… 기다림의 중요성

☐☐ Q. 정말 좋은 생각이군요. 혹시 시도해볼 생각이 있나요?

☐☐ Q. 그렇군요……. (   ).

☐☐ Q. 어떤 일이 있었나요?

☐☐ Q. (남들은 모르겠지만) 나름대로 시도해본 것이 있다면 무엇인가요?

☐☐ Q. 어떻게 그렇게 할 수 있었나요?

☐☐ Q. 그런 생각을 언제부터 하였나요?

누구든지 흔히 선뜻 대안을 말하기는 쉽지 않다. 조직이나 팀에서 아이디어, 시도해볼 만한 일을 모처럼 제기하면, ①대체로 말한 사람이 하게 되는 문화에 익숙하다. 또 ②자기가 한 말은 자기가 책임져야 한다는 무언의 압력 속에서 생활한다. ③고객의 성격에 비추어 무엇인가 대안을 제시하는 것에 신중하거나 조심스러울 수 있다. ④해답은 코치가 적당한 것으로 제안해줄 것이라는 기대를 하는 경우이다.

　이런 **고객의 오해**는 초기부터 잘 대응해야 한다. 영어로 'Hire a coach'는 '코치를 고용한다'는 의미이지만, 우리는 '코칭을 받는다'라는 말의 뉘앙스 때문인지 고객은 어떻게 하든 코치가 답을 줄 것이라는 기대를 버리지 않는다. 코치는 생각 패턴, 대화 패턴은 물론 고객의 이와 같은 기대를 잘 관리하고, 고객 스스로 해답을 찾고, 만들고, **자기 안에 있는 것**을 꺼내게 해야 한다.

　고객이 자신이 시도해온 성과와 작은 노력은 물론이거니와 아이디어, 제안 등에 공감과 지지하면서도 '**그렇군요!**' 하며 기다린다면 고객은 의외로 자신의 견해, 방안, 해결 가능한 대안 등을 꺼낼 수 있다. 고객의 반응에 코치가 호응을 하며 천천히 **조율**을 시도하며 리듬을 맞추고 기다린다면 고객이 자기 의견을 꺼낼 수 있는 공간이 생긴다. 이 공간을 고객이 판단과 평가와 무관하고, 가능성이나 실행 여부와 상관 없는 안전한 공간이라는 것을 자각하게 되면 고객이 나서서 방안을 제시하게 된다. 이런 경험이 클수록 실행 대안 마련, 실천 계획에 대한 **고객의 주도성**이 커지기 마련이다. 심지어 고객은 세션을 끝내고 문을 나가면서, 고객이 코치를 배웅하고 헤어지기 직전이라도 '**그런데 말이에요, 코치님……**' 하면서 의외로 자신이 숨겨둔 의도나 방안을 꺼낼 수 있다. 이른바 '문고리 대화'이며 코치에게도 매우 소중한 순간이다.

코칭 대화는 심각하기보다는 가볍고 즐겁게 진행하는 것이 좋다. 특히 방안과 할 일doing을 찾는 것이기에 특별한 일이 없는 한 대화 자체가 즐거워야 한다. 할 일을 찾는, 즉 실천 방안을 마련하는 일이기에 ①당연히 **재미**있어야 하고, ②그 속에서 **의미**를 찾을 수 있어야 한다. 그 일이 ③고객에게 적합하고 그의 장기와 **탁월함**greatness이 드러나는 것일수록 더욱 좋다. 한 가지 더 추가 한다면 그 일을 통해 ④새로운 **보람**으로 **배움**을 얻는다면 최상의 실행 방안이며 실천 계획이다. 이 같은 네 가지는 다음 단계에서 실행 과제를 한 가지 선택할 때도 꼭 활용할 기본사항이다(재의탁보배).

코치는 실행 대안 마련을 위해 고객이 해온 일에 대해 거리를 두고 다시 검토하게 하고, 과거 경험을 들춰 다시 할 것을 찾아보게 한다. 생각만 하고 머뭇거렸던 것들을 격려를 통해 다시 꺼내게 하고, 대수롭지 않게 말하는 성공과 실패와 관련된 일을 재검토해서 대안을 찾게 한다. 이것 이외에 몇 가지를 추가해보자.

먼저 가볍고 즐겁게 놀이하는 기분 playfulness으로 대안을 만들어 간다. 놀이 기분과 놀이(Johan Huizinga, 1938, p.63)는 '사람을 일상생활로부터 공간적으로 떨어지게 해, 놀이를 위한 물질적, 정신적 폐쇄 공간이 마련되고, 일상생활 환경으로부터 분리된다'. 이런 공간 확보는 물리적 공간과 여가 시간 이상의 의미를 갖는 두 사람에게는 **성스런 공간**으로 구별된다. 이런 느낌 안에 있게 되면 그동안 '알고 있었지만 생각해보지 못했던 앎 unthought known'(Christopher Bollas, 1987)도 다시 일어나는 이른바 **지혜**로 벼려져 드러나기도 한다. 놀이와 즐거운 기분은 고객이 자신 안에서 새롭게 떠오르는 암시나 아하 a-ha 등 자각이 일어나고 스스로 새삼 놀라게 된다. 이런 경험은 고객이 스스로 자신에게 일어나는 호기심에 더 주의를 기울이고 다양하게 자기 안에서 무엇인가를 찾아보게 만든다. 코치는 고객과 상호 충실하고 믿음직스러운 에너지를 드러내도록 초점을 맞추며 다양한 실행 방안을 끌어낸다.

☐☐ Q. 이것 저것 현실을 점검해보았는데, 그러면서 드는 새로운 아이디어가 있다면 무엇인가요?
☐☐ Q. 새롭게 발견한 현실을 보면서 생각나는 또 다른 방안은 무엇인가요?
☐☐ Q. 과거에 생각했으면서도 시도하지 않았던 것을 다시 살펴본다면 무엇이 있을까요?

☐☐ Q. 생각만 하고 실행하지 않고 덮어 둔 것을 이제 시도한다면 무엇을 할 수 있을까요?

☐☐ Q. 지난번 성공사례를 말씀하셨는데 그때 시도했던 것 중에서 다시 해볼 만한 것이 있다면?

☐☐ Q. 실패는 없다. 오직 피드백만 있을 뿐이다. 간직해온 피드백을 이것에 대입해본다면 어떤 방안을 더 추가할 수 있을까요?

☐☐ Q. 어린아이처럼 놀이로 생각한다면 무엇을 더 할 수 있을까요?

☐☐ Q. 무엇이든 하면 다 되는 마술사라면 어떤 방안을 추가하실 수 있나요?

☐☐ Q. 친구/라이벌이라면 어떤 방안을 시도할 것으로 보이나요?

☐☐ Q. 그 영화의 주인공이었다면 무엇을 하겠습니까?

실행 방안을 최대한 많이 만들자는 이미지로 [그림 2.6]처럼 만들었지만 이를 실제 코칭에서 활용하면서는 다음 [그림 2.7]처럼 활용한다. 8개 바퀴 워크시트는 코칭에서 다양하게 활용된다. 밸런스 휠balance wheel의 여덟 가지 주제를 고객이 정하게 해서 그 주제에 맞게 행동 방안을 찾게 할 수 있다(3장 참조). 또 8개 조각을 제시하게 되면 코치나 고객 모두 최소 8개 정도로 실행 방안 만드는 것을 염두에 두게 된다. 실제 코칭 대화에서도 실행 방안을 이야기하면서 아래와 같이 원을 그리고 8개 칸을 만들어 하나씩 채워 가듯 방안을 마련하며 메모를 할 수 있다. 꼭 8개를 다 채우지 않아도 된다. 여덟 가지가 열거되기 전에 고객이 그 가운데 한 가지를 세분하여 또 다른 차원의 선택 방안을 말하기도 한다. 차원과 상황을 오가며 대화하는 것은 코칭 대화에 참여하고, 운전하는 고객의 특권이다. [그림 2.7]과 같이 실제 코칭 대화를 기록하며 다른 원을 다시 그리면서 다양한 선택지를 구성해 갈 수 있다. 이러한 메모 방식을 고객과 공유한다면 고객은 열거된 방안을 **직관적으로 내려다보게** 되고, 다음 단계로 실행 과제 한 가지를 편하게 선택할 수 있다.

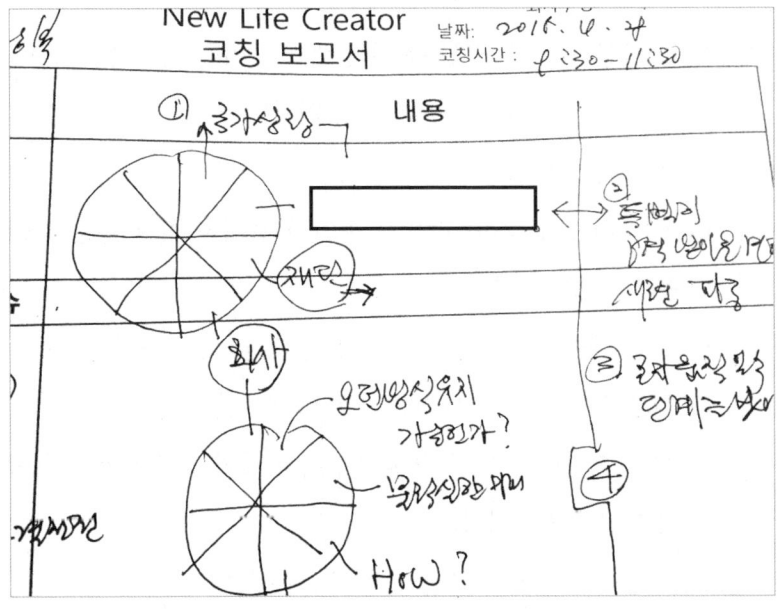

[그림 2.7] 여덟 가지 실행 방안 작업

코치에 따라서는 20여 개까지 실천 방안을 만들어내야 정말 고객이 하고 싶은 것, 할 만한 것, 하고 싶은 것이 나온다고 주장한다. 즉 이 정도가 되어야 방안을 찾으면서 고객이 속으로 무엇을 할 것인가 결정할 수 있다는 주장이다. 또 코치로서 정말 최선을 다해 고객이 스스로 안에서 꺼낼 수 있도록 해야 한다는 점을 강조하는 주장이다. 왜냐하면 [1]누구나 생각할 수 있는 대안, [2]타인이 해서 부러웠던 것이나 [3]제안받거나 강요당했던 방안, [4]누구에게나 다 맞는 자기 개발서나 인터넷에 있는 것들이 나열될 수 있다. 코치와 함께 그 이상의 방법을 찾는 도전이 필요하다.

☐☐ Q. 그동안 당신이 실행해왔던 방법들은 어떤 것이 있었나요?
☐☐ Q. 비슷한 상황에서 당신이 시도해왔던 방법이 있다면 어떤 것이었나요?
☐☐ Q. 멈추지 않고 계속 앞으로 나아가기 위해 하고 싶은 것이 있다면 무엇인가요?
☐☐ Q. 그 장애물이 더는 없다면 무엇을 더 할 수 있을까요?
☐☐ Q. 대안 도출을 위해 특별한 대화를 해보면 어떨까요?
☐☐ Q. 해결 대안을 만들기 위해 당신이 특별히 생각해 둔 기준이 있다면 무엇인가요?
☐☐ Q. 이제까지 나온 해결책의 장, 단점은 무엇인가요?
☐☐ Q. 그 밖에 당신이 할 수 있는 것은 무엇인가요? 또 다른 것

이 있다면? 한 가지만 더 있다면? '…' 그 다음엔 무엇이 있을까요?

☐☐ Q. 다른 사람이 본다면 당신에게 일어난 일을 무엇이라 생각할까요?

☐☐ Q. 당신이 해결하기 위해 생각해 둔 방안/조건/옵션이 있다면 무엇인가요?

☐☐   SQ. 세 가지만 말씀해주신다면?

☐☐   SQ. 한 가지만 더?

☐☐   SQ. 마지막으로 한 가지만 더?

☐☐ Q. 이전에 이와 비슷한 상황이 있었을 텐데 그때 당시 당신은 어떤 방안으로 문제를 해결/도전해 왔나요?

☐☐   SQ. 그것과 조금 다르게 한다면 어떻게 할 수 있을까요?

☐☐ Q. 당신이 알고 있는 비슷한 상황과 마주쳤던 사람은 누구인가요?

☐☐   SQ. 그 사람들은 그것을 어떻게 해결하였나요?

☐☐ Q. 무엇이든 가능하다면 당신은 무엇을 할 것인가요?/하고 싶으신가요?

☐☐ Q. 각각의 옵션과 관련하여 당신에게 유익한 것은 무엇인가요?

☐☐ Q. 당신의 가장 질친한 친구/어머니라면 그들은 당신에게 무엇을 제안할 것으로 생각하시나요?

코치는 언제나 고객이 갖고 있거나 드러내는 역량에만 머물 것이 아니라 **지금 이 순간 최고의 역량**을 발휘하도록 촉진해야 한다. 이런 의도를 갖고 언제나 ①고객의 창의성을 격려하고encourage creative, ②확산적 사고divergent thinking로 이끌고, ③고객의 재능이 분출할 수 있게 자극하고, ④고객 자신이 설정해둔 경계boundaries나 (부정적)신념에 도전하게 추가적 질문을 해야 한다(本間正人. 2006).

최고 실행을 약속하기 위한 선택지 찾기 연결 질문

☐☐ Q1. 이제까지 실행한 것 가운데 가장 좋은 방법은 무엇인가요? (과거에서 찾기)

☐☐ Q2. 지금까지 시도한 것이 아닌 새로운 방법이 있다면 무엇인가요? (미래 시도)

☐☐ Q3. 이제까지 시도한 방법을 약간 다르게 궁리해서 시도한다면 어떻게 하겠습니까? (조정해서 시도)

☐☐ Q4. 다른 회사나 부서에서는 어떠한 방법/시도를 하고 있나요? (다른 사례 찾기)

☐☐ Q5. 만약 자네가 고객이라면 어떻게 해주길 원하나요? (관점 변환)

☐☐ Q6. 그 외에 또 한 가지를 찾는다면? (하나 더)

☐☐ Q7. 하지 말아야 할 것 딱 한 가지를 찾는다면? (하나 빼기)

☐☐ Q8. 잘하는 A선배라면 어떠한 방법으로 할 것이라 생각하나요? (만약)

[코칭 대화 예시 3] 다양한 선택지

(p.94에 이어서)

코치 17: 아들의 속마음을 알기 위해서는 어떤 방법이 있는지 우리 가볍게 브레인스토밍해보는 게 어떤가요?

고객 17: 좋습니다. 일단 편하게 친구처럼 이야기하는 게 중요하겠지요……

코치 18: 네, 편하게 친구처럼 이야기하기. 또……

고객 18: 이젠 아이가 무엇을 좋아하는지, 다시 좀 더 알아야겠어요.

코치 19: 그래요?

고객 19: 이젠 초등학생이 아니니까요. 무얼 좋아하는지, 학교에서는 뭐하고 노는지, 게임은 무슨 게임을 하는지? 고민이나 걱정이 뭔지……. 사실 중학생이 된 이후엔 둘이 이야기해본 적도 거의 없는 것 같아요.

코치 20: 고객님 그 나이 때는 주로 뭐하고 지내셨나요?

고객 20: 노래 듣길 좋아했지요. 소도시 학교지만 야구부가 있어서 축구보다는 야구를 좋아했고……. 잘 생각이 안 나는군요.

코치 21: 프로젝트 시작하기 전에 주로 어떤 준비하시나요?

고객 21: 일단 자료 수집을 먼저 하지요. 그렇지요. 요즘 10대 아이들에 대한 정보를 수집해야겠군요. 게임이름도 알아야 하고, 요즘 아이돌 가수도 좀 더 자세히 알 필요가 있고. 만화도 살펴보고, 할 것이 많군요.

코치 22: 좋은 생각이십니다.

고객 22: 요즘 학교가 걱정이 되기도 합니다. 중2는 대단하다고 하잖아요.

코치 23: 혹시 어떤 걱정이 있으신가요?

고객 23: 어디로 튈지 모르니까요. 좀 앞서가는 회사 동료들 말 들어도 그렇고, 인터넷이나 언론을 봐도 그렇고. 부모에게 쌍욕 하는 아이들도 많고, 저희 부장도 정말 아들 때문에 고생 많으시더라고요. 그냥 집에 놔둔 차를 무조건 키 가지고 끌고 나갔대요. 친구들과 어울려 …… 중3인데 …… 야구 방망이를 휘두르며 화를 냈는데 꼼짝도 안 하더라는군요. 깡다구죠 해보려면 해 봐라…….

코치 24: 그런 일을 보거나 들으면 어떠신가요?

고객 24: 우리 때와는 너무 달라 이해하기 힘들죠. 그러나 어떻게 하면 그런 일이 없게 할 수 있을까 고민되기도 하고…….
아이들, 아이에 대해 좀 더 깊이 이해할 필요가 있을 것 같군요. 정보도 중요하지만 좀 더 깊게 이해하고 소통할 수 있는……. 그런 노력이나 자세가 중요하겠지요.

코치 25: 중요한 말씀이십니다. 이제까지 나온 이야기를 좀 정리해볼까요?

(생략)

(p.138에 계속)

[연습 문제]

다음 예시 속에서 해결 방안을 찾는 것에 초점을 맞춰 실습하고 필요한 질문 리스트를 만들어보세요.

1. 내 아이들과 더 잘 대화하기 위한 다섯 가지 스킬 배우기
2. 배우자와 더 잘 대화하기 위한 다섯 가지 스킬 배우기
3. 매력적인 습관 만들어서 그것을 매일 시행하기
4. 기계적이 되지 않고 더 인간적이고 효율적인 분위기 갖기/사람 되기
5. 불필요한 물건을 인터넷, 중고 시장에 내다 팔기
6. 거짓말 멈추고 3개월 안에 새 사람 되기
7. 명상과 요가를 매일 스케줄에 넣고 실행하기
8. 매달 지출 10% 줄이기

[Practice 3]

1. 선택(Options)에 관한 추가 질문 만들어 익히기
2. G → R → O 각 단계별로 질문 방향에 맞는 2~3가지 추가 질문을 하여 연결해나가기
   1) 스스로 생각하기에 놀라울 만큼 다양하고 많은 선택지를 찾아내게 연습하기/자기만의 Know-How 만들기
   2) 기발한 작은 아이디어를 확인하고 세션 중에 가꿔 키워내기
   3) 해보지 않은 생각, 영역 등에서 다양한 선택지 찾기
3. 목표-현실-갭-고객과 합의-갭 해결을 위한 다양한 선택 등을 연결하여 실습해보기
4. 위와 같은 실천을 여러 차례 해보면서 부딪친 어려움, 속에서 떠오른 의문, 짐작되는 코칭 대화 상황 등에 대해 질문 리스트를 만들어 정리하기
5. 워크시트를 활용하여 선택지를 다 채우도록 실행해보기

■ 다양한 선택 방안 마련을 위한 질문

☐☐ Q. 해결 방안에 대해 여러 가지 생각해본다면 어떤 것들이 있나요?

☐☐ SQ. 좀 더 몇 가지를 추가해본다면?

☐☐ Q. 반드시 실행할 것이 아니라도 아이디어를 말해본다면 어떤 것이 있나요?

☐☐ SQ. 한 가지만 더 찾아본다면?

☐☐ Q. 생각 만 해두고 실행을 미뤄 둔 것에서 찾아본다면?

☐☐ Q. 그 일을 잘했던 사람은 어떤 방법으로 할까요?

☐☐ Q. 과거에 이와 비슷한 일을 조금 바꿔본다면 무엇을 할 수 있을까요?

☐☐ Q. 서로 한 가지씩 아이디어를 제시하는 게임을 해볼까요?

☐☐ Q. 이런 이야기 전부터 당신이 생각해 둔 대안이 있다면 무엇인가요?

■ 대안 마련을 위한 질문

☐☐ Q. 당신이 상황을 변화시키기 위해 할 수 있는 것들은 무엇인가요?

☐☐ Q. 그러한 접근법을 선택하는 이유가 궁금하군요. 또 다른 대

안이 있다면?

☐☐ Q. 당신이 서서 바라보는 것을 한 걸음 옆으로 선다면 무엇이 보일까요?

☐☐ Q. 대단하군요. 그 일을 당신이 직접 생각한 건가요? 또 다른 것이 있다면?

☐☐ Q. 부모님/배우자는 할 수 있는 방안으로 무엇을 제시할까요?

☐☐ Q. 제가 어떤 제안을 하길 바라시나요?

☐☐ Q. 여러 가지 대안 가운데 당신이 선택하고 싶은 것은 무엇인가요?

☐☐ Q. 여러 가지 대안을 서로 분류해볼까요? 어떤 생각이 드시나요?

☐☐ SQ. 더 추가할 수 있는 것은?

☐☐ Q. 당신이 좋아하는 순서대로 대안을 나열해볼까요? 어떤 느낌이 드나요?

☐☐ Q. 꼭 실행할 수 있는 대안 한 가지를 선택한다면 그것은 무엇인가요?

■ **대안 마련을 위한 호기심 촉진 질문**

☐☐ Q. 생각할 수 있는 모든 것을 다 생각해봅시다.

☐☐ Q. 다시 한번 생각해볼 수 없을까요? 정말 아까운 아이디어

인데…….

☐☐ Q. 모든 가능성을 갖고 연구해봅시다. 어디부터 시작할 수 있나요?

☐☐ Q. 당신이 그 문제에 관해 생각해봤던 것을 검토해보고 싶군요.

☐☐ Q. 다시 검토해보면 당신에게 적합한 방법이 있지 않을까요?

☐☐ Q. 여러 가지 가운데 어떤 것을 선택해야 하나 검토 중이신 듯 한데, 말씀해주겠습니까?

☐☐ Q. 아마 같이 검토하면 좀 더 쉬울 수 있지 않을까요?

☐☐ Q. 그런 방안 중에 당신이 좋은 느낌을 갖고 있는 것이 있을 법 한데 무엇인가요?

☐☐ Q. 남들은 '만들어진 결정'만 따르는데 당신은 새로운 결정을 원하시는군요.

☐☐ Q. 새로운 결정은 새로운 경험을 준다는데 정말 호기심이 있으시군요.

■ 대안 마련을 위한 지평 확장, 촉진을 위한 질문

☐☐ Q. 모든 일에는 긍정과 부정이 동시에 있다는데 이번에 발견한 것은 무엇인가요?

☐☐ Q. 어릴 적 고집은 성인이 되면 끈기가 된다는데 그런 끈기는 어디서 왔나요?

☐☐ Q. 당신의 행동을 끈기 있는 행동으로 본다면 무엇이 달라질까요?

☐☐ Q. 그동안의 기간을 휴면기로 본다면 이번의 변환기에는 무엇을 할 것인가요?

☐☐ Q. 과연 그것이 객관적으로 본 것인가요? 아니면 다른 사람의 생각인가요?

☐☐ Q. 저는 그렇게 보지 않습니다. 저를 한 번 설득해주시겠습니까?

☐☐ Q. 그것은 당신이 진정으로 좋아했던 것 같은데 지속해도 되지 않을까요?

☐☐ Q. 새의 시각/벌레의 시각으로 다시 본다면 어떤 것이 보일까요?

☐☐ Q. 하늘을 날며 느끼는 기분으로 다시 본다면 어떻게 해야 할까요?

☐☐ Q. 당신이 선택한 전략 아닌가요? 그것이 이루어지기에는 시간이 필요할텐데…….

[토론]

1. 대안을 탐색하고 충분히 만들도록 지원하기 위한 코치의 시도
2. 고객이 대안을 충분히 캄색하지 못하게 만드는 요인

 **4. 풍부한 실천**

두 사람이 다양한 선택지를 충분히 만들었다면 다음 단계는 당연히 그 가운데 한 가지를 선택하는 것이다. 고객은 아래 [그림 2.8]의 이미지처럼 파이 한 조각을 실행과제로 결정한다. 코칭 세션이 끝나고 다음 회기까지 ①실행 방안 **결정**과 ②실행을 위한 **실천 계획**과 이를 가능하게 하는 ③**후원 환경**을 설계하는 것이다.

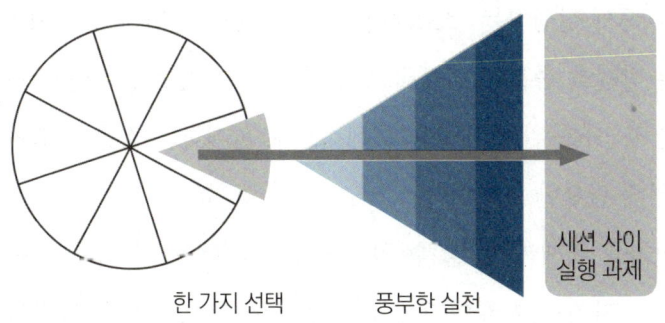

[그림 2.8] 실행 한 가지 선택

코치와 나눈 자기만의 특별한 목표는 이미 코치와 충분히 대화해 작게 나눈 것이다. 이와 관련해 자기를 둘러싼 현실을 충분히 검토하여, 현실 조건과 상황, 자기 위치 좌표를 새롭게 인식했다. 이 과정은 목표 지점과 현 위치와의 **차이**를 분명히 파악한 과정과 일치한다(조건 - 상황 - 좌표 - 차이). 또 과제 해결과 결과 달성을 위한 여러 가지 선택 가능한 방안을 찾아보았다. 이제는 그 가운데 자기에게 맞는 한 가지 최선의 것, 할 수 있는 것을 결정하고 이를 위한 실행 방안을 세우는 것이 마지막 남은 일이다.

코치는 고객이 세션 대화 중에 '지금 당장 실행'을 할 수 있다고 하면 이를 잘 구별하고 즉각적인 지원을 제안한다(2019. ICF 11가지 역량 9. 행동설계 (h)항 참조, 2020. ICF 8가지 핵심 역량에는 삭제됨). 그러나 평소와 달리 충분히 검토하지 않았거나, 하던 대로 실행한다면 평소와 같은 결과만 나온다. 평소와 매우 다른 방법을 **즉시 실행**하는 것도 어떻게 보면 충동적 발상이요 행동이다. 모든 방법을 충분히 검토하고 전혀 다른 방법으로 실행할 것도 결정한 후 이를 위해 계획을 구체적으로 설계하는 것은 변화와 성장을 위해 필요한 노력이다.

변화를 위해 현재 할 수 있는 최선의 선택은 새로운 장場이나 상황으로 자기를 이끌어가게 만드는 끌개를 앞세우고 따라가거나, 지금 현재 보이는 새로운 문gate을 열어보는 것이다. 과거에 해보지 않은 방안이라 하더라도 최선의 선택으로 선을 넘게 되면 이것이 계기가 되어 전혀 새로운 경험과 의미의 세계와 만날 수 있다. 새로운 것은 경계 너머에 있다.

코치는 고객과 대화하는 현재에 서서, G → R → O(→ W) 순으로 대화를 누적하고, 대화 성과 가운데 고객이 가장 최선이라 생각하는 것을 선택하게 지원해야 한다. 선택한 행동 **계획**을 확정하면 실천 **방법**을 풍부하게 다시 세운다. 고객은 어떻게 선택하는가? 코치로서는 고객의 선택을 아래 [그림 2.9]와 같은 네 가지 포인트로 결정하게 하는 것이 바람직하다.

[그림 2.9] 네 가지 결정 포인트

완벽주의가 아니라 최적주의

먼저 ①선택이 어려우면 쉬운 것을 선택 기준으로 검토하고, ②선택을 못하면 가장 하고 싶은 것을 찾도록 한다. 그래야 즐겁게 시도할 수 있다. 언제든 즉시 할 수 있다고 한다면 ③가장 중요한 것을 하게 하거나 ④격려와 함께 전혀 해보지 않은 새로운 것을 제안한다. 그래야 고객이 미루지 않는 선택이 된다.

이 단계에서 선택은 오로지 고객 몫이다. 그러나 선택한 결정을 강화하고, 실행할 수 있도록 함께 계획을 세우는 것은 코치의 임무이다. 경우에 따라서는 코치가 고객의 실행 계획에 같이 상호책임 관계를 맺어야 하는 경우도 있다. 코치는 고객의 실행 환경을 생활조건에 잘 맞게, 주변의 자원을 잘 활용하게 점검하고 안내하는 일을 해야 한다. 작은 실천이라도 고객이 경험해 왔거나 심지어 생각이나 환상 안에서 만났던 최고의 나my best self를 기억하게 하고, 스스로 실행을 통해 또 다른 자기를 체험하게 하는 것이 코치가 주목해야 할 개입이다.

코치는 고객이 실행을 약속한 실천 행동에 대해 ①반드시 하고 싶다는 간절함을 강화하고, ②할 수밖에 없도록 따뜻한 지원 환경으로 감싸고 ③잘해야겠다는 완벽함을 추구하기보다는 현재에 맞는 최적의 상태에 초점을 맞추도록 해야 한다. ④고객이 스스로 두려움을 넘어 한 발을 내딛게 되면 밑에서 올라오는 상승기류를 타고 넘어갈 수 있다는 확신을 주어야 한다. 그래야 고객이 새로운 실행에서 오는 다채로운 경이로움wonder을 경험할 수 있다.

☐☐ Q. 지금까지 나온 방안 가운데서 가장 하고 싶은/중요한 방안을 선택해 보시지요?

☐☐ Q. 매우 어려운 상황이라고 보시는군요. 그렇다면 가장 손쉽게 할 수 있는 것을 정한다면?

☐☐ Q. 그렇다면……. 전혀 해보지 않은 새로운 것을 한다면 어떤 것인가요?

☐☐ Q. 꼭 해결하고자 하는 마음이 읽혀 지내요. 그것을 정말 할 수 있는지 다시 한 번 생각해보시지요?

☐☐ Q. 그 열정을 두 배로 늘린다면 그 일을 어떤 방식으로 하시겠나요?

☐☐ Q. 자신과 주변 사람 모두에게 유익이 있는 것을 선택한다면 어느 것을 선택하겠습니까?

☐☐ Q. 낙하산을 사용해 뛰어 내린다면……. 틀림없이 바람이 받혀줄 것입니다. 고객님은 어떤 바람이 받혀줄까요?

코칭의 개척자 티모시 골웨이Timothy Gallwey(2000)는 일을 점검하는 세 가지 요소로 성과-배움-즐거움을 들었다. 반면에 한국인 출신 첫 MCC인 코치 폴 정(2009)은 일을 설계할 때 재미-의미-탁월함을 제시한다. 재미있고 즐겁게, 할 수 있는 일 이외에 자기만의 의미를 찾을 수 있고, 자신의 장기, 탁월함이 드러나야 한다는 것이다. 코칭 교육 현장에서 만난 수련 중이던 코치(임혜진, 2018.

코칭 스타트업)는 강의 수강 중 한 가지를 더 추가하자고 제안했다. 그것은 **보람**이다.

필자는 기꺼이 고객의 실행을 점검하는 기준은 성과-재미-의미-탁월함-보람-배움 등 여섯 가지라고 수정했다(재의탁보배). 아마 코칭을 통해 처음 계획한 실행을 해봤던 코치로서는 자신이 했던 일을 성찰하면서 '보람'이 확인되어야 좀 더 큰 도전을 할 수 있다고 확신했던 것이다.

걸림돌을 디딤돌로 활용하기

실행 중에는 어디서든 예상치 못한 장애물/걸림돌이 발생한다. 코치는 코칭 대화 중 고객이 예상하는 장애물을 검토하지 못했다면 마지막 실행 단계에서는 꼭 잊지 말아야 한다. 고객이 먼저 어려운 점, 장애물을 이야기하는 것이 자연스럽다. 하지만 실행 단계까지 이야기하면서 이 점을 제기하지 않았다면 코치 쪽에서 부담 없이 질문하고 고객이 검토하게 하는 것이 필요하다.

모든 **걸림돌**은 이를 어떻게 보고 다루는가에 따라 올라갈 수 있는 **디딤돌**이 된다.

☐☐ Q. 당신의 목표에 도달하기 위해 해야 할 일은 정확하게 무엇인가요?

□□ Q. 그것을 언제 할 것입니까?

□□ Q. 압축된 몇 가지 옵션 중 고객님이 선택할 것은 무엇인가요?

□□ Q. 지금 당신이 즉시 선택할 수 있는 현실적 행동(단계)은 무엇인가요?

□□   SQ. 그 다음 단계는 무엇을 하시겠습니까?

□□ Q. 부딪칠 수 있는 모든 장애물을 계산에 넣었나요? 한 번 생각해본다면 무엇이 있을까요?

□□ Q. 예상되는 장애물을 어떻게 넘을 건가요?

□□ Q. 본인 자신이 스스로 얼마나 동기 부여 되었는지 1~10까지 점수를 매겨 본다면 어느 위치인가요?

□□ Q. 1점을 올리기 위해서는 무엇이 필요한가요?

□□   SQ. 당신은 그것을 어디서/어떻게 얻을 수 있나요?

□□ Q. 당신의 실천을 도울 수 있는 환경을 만든다면 무엇이 필요한가요?

□□ Q. 당신의 코치인 제가 어디서/어떻게 기다려주면 되겠습니까?

□□ Q. 이 계획이 당신의 목표를 (정말) 해결할 수 있나요?

□□ Q. 당신이 실행하려는 방법에는 어떤 장애물이 있을 것으로 보입니까?

□□   SQ. 해결 방법을 알기 위해 누가 필요합니까?

□□   SQ. 해결을 위해 당신에게 다른 사람의 지원이 필요하다면 무엇인가요?

☐☐　　SQ. 어떻게 언제 당신은 그런 지원을 받을 계획입니까?

☐☐　　SQ. 당신이 갖고 있는 또 다른 고려 사항이 있다면 무엇인 가요?

　코치가 고객에게서 느끼는 어떤 **주저**나 **우려**가 확인되면 이것도 질문하여 분명하게 확인해야 한다. 그러면 고객의 입장에서는 코칭 대화를 통해 얻은 자각을 근거로 스스로 약속한 실행 과제를 분명하게 확인받는 계기를 갖게 된다. 더는 뒤로 미룰 이유도 근거도 없고 신뢰하는 코치와 함께 변화 실행의 레이스를 달리는 마라토너가 되는 것이다. 마치 코칭의 즐거움coaching runner's high에 흠뻑 빠져들게 되면 더 할 나위 없이 좋다.

간단한 실행 점검

　세션 마감 시간이 촉박해 서둘러야 하더라도 꼭 실행만큼은 챙겨야 한다. 재빨리 점검해야 한다면 먼저 이제까지 이야기한 것을 바탕으로 명확한 실행 과제 한 가지를 선정what하고, 언제when, 누구와 함께who, 또는 누구의 도움으로, 어떻게how 할 것인가, 또 심지어 어디서where 하면 가장 좋은가까지 점검한다.

☐☐　Q. 지금까지 논의한 것을 간단히 정리해주시겠습니까?

□□ Q. 지금까지 논의한 것을 바탕으로 한 가지 실행한다면 무엇을 하겠습니까?

□□ Q. 그것을 언제 하면 가장 효율적일까요?

□□ Q. 그 일의 성공을 위해 가장 중요하게 도움을 받아야 하는 사람은 누구인가요?

□□ Q. 혹시 그 일을 어떻게 해야 한다고 생각하나요?

□□ Q. 그 일을 하기 위한 최적의 장소는 어디인가요?

□□ Q. 그 일의 성과를 저도 알고 싶은데 저에게 어떻게 알려주겠습니까?

즐겁게 할 수밖에 없는 후원 환경 만들기

코치는 고객의 생활 조건, 작업 조건에서 가장 최적의 환경을 실행을 위한 후원 환경에 활용하도록 설계한다. 실행과 관련한 어려움을 갖고 있지 않은 사람은 없다. 성공한 사람, 높은 성과를 내는 사람도 마찬가지다. 코치는 고객이 갖고 있는 다양한 자원을 활용하여 실행할 수밖에 없는 후원 환경을 점검하고 설계한다. 조금이라도 새롭거나 변화가 있다면, 그 변화된 조건, 실행 환경 자체가 고객에게 적합한 것인지, 고객이 코치와 이야기하면서 새삼 의욕만으로 대화한 것이 아닌지 확인해야 한다. 이른바 실행 환경의 생태적 조건ecology이나 적절성appropriacy에 대한 확인이다(김상복, 2017).

고객이 코치와 약속한 실행 과제를 실천하는 공간, 고객의 일상 공간은 ①고객에겐 익숙한 곳이며, 변화와 실천을 약속하지 않은 공간이다. 주변 사람들도 ②세션 전 고객의 모습만을 알고 있는 공간이며, 고객이 코칭 세션에 참여하는 것을 알고 있는 가족, 직장 부하나 상사 등은 코칭 후 고객이 얼마나 달라졌나 ③기대와 관찰의 눈으로 보는 어려운 공간이다. 감정 역동이 심한 고객의 경우는 알 수 없는 감정 변화 요인에 영향을 받아 실행하려다가도 그만두기 쉬운 그런 공간이다. ④무엇보다도 변화 '과정'을 감추고 싶은 공간이기도 하다.

청소년 고객의 경우 세션 중에는 굳게 다짐했지만 자신의 가정 환경, 학교 교실 환경으로 돌아가면 코칭 세션 이전으로 돌아가 특별한 경우가 아니고는 실행 과제를 종종 잊고 만다.

분망한 임원의 경우는 자신의 내적 필요와 매우 깊이 연결된 절실한 주제가 아니면, 세션 밖으로 나갔을 때 코칭 세션 밖인 자기 업무 세계로 빨려 들어가고 만다. 이처럼 세션과 세션 사이between session는 변화를 위한 작은 실행, 실천이 방해받기 쉬운 공간이다.

충분하고 적절하며 생태적인 환경 조건에 맞는 실행 계획임에도, ①고객이 실행 약속을 했지만 이행을 못하는 경우, ②실행 결과가 빈약하고 형식적인 경우, ③이런 두 가지가 반복되는 경우 ④완전히 다른 것을 해오는 경우가 있다.

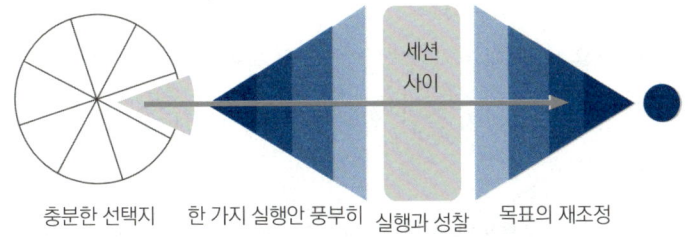

[그림 2.10] 실행 성찰과 세션 목표 재조정

    코치는 실행 결과에 관심을 기울이고 격려와 함께 고객의 실행 성과를 반드시 점검해야 한다. 다음 세션에서 실행 과제를 점검하지 않으면 코칭이 공전되거나 실패한다. 코치는 먼저 실행 과제를 둘러싼 기분과 감정을 물어본다. 또 고객의 실행 결과를 보면서 [1]학습 방법과 [2]배움 스타일, [3]배움의 속도 등을 가늠하며 이를 다음 코칭 세션에서 실행 과제를 설계할 때 반영한다. 변화와 성장 레이스의 **페이스메이커**pace maker로서의 코치 역할이다.

☐☐ Q. 성공적인 실행인데 기분이 어떤가요?
☐☐   SQ. 실행하면서 느낀 점을 이야기해주신다면?
☐☐ Q. 실행하지 못한 것은 어떤 설명이 필요한 것 같은데요?
☐☐   SQ. 기분은 어떤가요?
☐☐ Q. 실행 결과에 만족하시나요? 아니면 어떤 사정이 있었나요?
☐☐ Q. 반복해서 실행이 안 되는데, 사정이나 연유를 상세히 이야

기해주겠습니까?
☐☐ Q. 내용이 문제인가요? 방법이 문제인가요?
☐☐ Q. 지난번 코칭이 끝난 후 어떤 일이 있었나요?

정원사로서의 코치는 후원 환경 조성 전문가이다.

정원사landscaper로서의 코치는 고객의 **환경 전체**에 주목한다. 세션 대화 중 고객의 발전과 변화를 위해 자원을 찾는 데 집중하는 것은 기본이다. 중요한 초점은 실행을 둘러싼 후원 환경을 설계하고 정비하는 정원사의 역할이다. 물리적, 심리적, 미학적 환경을 꼼꼼히 점검하고 필요한 설계를 함께 하여 설계된 후원 환경만으로도 변화를 위한 실행을 할 수밖에 없게 한다. 환경 조성 전문가로서의 활동은 코칭의 꽃이다(IAC 15 proficiencies. Designs supportive environments).

후원 환경 조성이 없는 코칭은 좋은 대화에 불과하고, 감동을 주는 대화로만 끝난다. 그러나 이것만으로는 변화와 성장이 일어나지 않는다. 작심삼일作心三日이라는 말이 있지 않은가? 변화와 성장은 행동이 실행될 수 있도록 환경을 구체적으로 조성해줄 때 일어난다. 고객 의지에 의한 발전 동력은 3일이 한계다. 자신의 목표를 둘러싼 환경과 구조가 **실패하지 않는 환경**으로 조성되어야 한다. 목표와 방향은 개인 스스로 정하고 이루어갈 수 있으나 그것을 완성을 위해서는 환경이 조성되어야 한다. 환경이 고객을 끌고 가고, 환경이 구체적으로 고객을 코치할 수 있도록 조성해 가는 것이 **정원사로서의 코치**가 할 일이다. 갑에게 맞는 환경이 곧 을에게는 안 맞을 수 있다. 코치에 의해 잘 설계된 환경은 많은 효과를 이룬다.

세션을 통해 확보한 고객 관련 이해와 후원 환경 조성을 위한 코치의 세심한 질문은 고객의 자원은 물론 활용할 환경 자원에 대한 인식을 높인다. 또 코치와 함께 설계한 **후원 환경 활용 경험**은 코칭 이후에도 적극적으로 고객이 활용할 수 있다.

그렇다면 코치가 고객의 환경 설계를 위한 기본 인식을 어떻게 가져야 하는가? 먼저 무엇보다도 ①가장 이상적인 환경은 **배수구**drain가 아니라 영감을 자극한다inspire는 점이다. 물론 감정과 스트레스 배출을 위해 환경을 활용할 수 있으나, **영감을 자극받는 공간**으로 인식하고 돌려내야 한다. 다음으로는 ②**지속성**을 중심에 두고 최고의 환경을 구성해야 한다. 고객이 코치에 의존하는 것이 아니라 코치와 함께 설계한 자기 환경에 의존해야 한다. 이것은 지속성이 보장된 환경이어야 가능하다. 또 앞에서 언급했지만 ③모든 것/곳/때 등을 **활용 가능한 환경**으로 봐야 한다. 이는 고객 스스로 자신의 환경을 보는 관점을 달리하게 만든다.

고객이 자신의 환경을 지속 가능한 환경으로 인식하고 활용하기 위한 명료함과 방향성을 갖게 한다. 목표에는 그것을 지원하는 환경/상황이 있기 마련이다. ④필요한 실천, 해야 할 행동도 습관화해서 환경의 하나로 만든다. 규칙화routine한다면 특별히 늘 생각해서 행동할 필요가 없다.

당신의 환경을 최대한 활용하기 위한 12가지 방법

	ⓐ	ⓑ	ⓒ
① 어느 곳에서든, 언제든 시작한다.			
② 후원 환경을 설계한다.			
③ 내가 진화하는evolve 환경을 설계한다.			
④ 환경을 최대한도nth degree로 설계한다.			
⑤ 유형, 무형적 환경도 포함한다.			
⑥ 모든 것/곳/때에서 환경 설계한 것을 살펴본다look at.			
⑦ 자기 자신에게 의존하기를 중단하라.			
⑧ 설계된 환경에 맡긴다.			
⑨ 다른 사람의 환경과 연결한다.			
⑩ 환경에 과도하게 반응한다over-respond.			
⑪ 환경 설계 과정에 (중요한) 타인을 참여하게 한다.			
⑫ 지속적으로 완벽하게 환경을 유지한다.			

IAC 15 proficiencies. Designs supportive environments

IAC 15가지 코칭역량 15에서는 「후원 환경 설계」를 위해 고객에 대한 7가지 영역을 제시하고 있다. 이와 관련해 질문 예시를 만들어 보면 다음과 같다.

	후원 환경 설계를 위한 7가지 조건	
1	관계|relationships	가족, 친구, 동료
2	신체|physical	집, 직장, 가진 것
3	문화유전자적|meam	아이디어, 개념, 정보
4	본성|nature	생활, 4계절, 아웃도어
5	무형적|intangible	가치, 에너지, 느낌
6	자기|self	몸, 영성, 재능
7	네트워크	SNS, 실제 인간 관계

IAC 15_Designs supportive environments, 김상복 수정

(1) 관계: 동료 - 가족 - 친구

☐☐ Q. 그 일을 위해 가장 도움을 줄 직장 동료/상사가 있다면 누구인가요?

☐☐ SQ. 그에게 어떤 도움을 요청할 건가요?

☐☐ Q. 가장 필요한 도움을 줄 가족이 있다면 누구인가요?

☐☐ Q. 방해가 될 동료-가족-친구가 있다면 어떻게 대처할 건가요?

(2) 신체, 물리저 환경: 집 - 사무실 - 소유 possession

☐☐ Q. 그 일의 성공을 위해 자신의 집, 사무실 환경을 가장 적합하게 바꾼다면 어떤 건가요?

□□ Q. 효과적 작업을 위해 당신이 새롭게 갖춰야 할 것은 무엇인 가요?

□□ Q. 그 일을 위해 버려야 할 물건이 있다면 무엇인가요?

(3) 문화적 유전자 memetic: 아이디어, 개념, 정보

□□ Q. 이 작업만을 위해 필요한 독특한 아이디어가 있다면 무엇 인가요?

□□ Q. 이 일을 위해 케미 chemi 가 맞는 사람이나 팀을 찾고자 특별히 준비한 것이 있다면 무엇인가요?

□□ Q. 이 작업을 위해 필요한 사색이나 이해를 위해 자기만의 시간을 충분히 활용한다면 무엇을 할 수 있나요?

□□ Q. 이 작업을 위해 본인에게 필요한 사자성어/명언이 있다면 무엇일까요?

□□ Q. 이 작업을 위해 집중해서 찾아야 할 정보 중 인터넷 이외의 것이 있다면 어떻게 어디를 찾아볼 건가요?

(4) 본성적 특징 nature

□□ Q. 실천을 성공하기 위해 생활 패턴이나 리듬 중 간직해야 할 것은 무엇인가요?

□□ Q. 더 나은 성과를 위해 리듬과 패턴 중 바꿀 것 한 가지만 있다면 무엇인가요?

☐☐ Q. 중년에 들어 새롭게 통찰한 것을 지금 일에 적용한다면 무엇을 새롭게 할 수 있나요?

☐☐ Q. 노년의 지혜로운 눈으로 지금을 살펴본다면 어떻게 실천하겠습니까?

☐☐ Q. 즐겨 하시는 골프/카누/마라톤에 비유한다면 지금 이 과제는 무엇인가요?

(5) 무형적 환경: 가치 – 에너지 – 감정

☐☐ Q. 그 일을 당신의 가치로 설명한다면 어떻게 설명할 수 있을까요?

☐☐ Q. 그 일에 필요한 당신의 에너지 관리를 이야기해주겠습니까?

☐☐ Q. 감정으로 인해 하려다가 그만둔 경험이 있으면 이야기해 주겠습니까?

☐☐ SQ. 그 일을 위해 감정관리를 어떻게 하겠습니까?

(6) 자기self: 몸 – 정신spirit – 재능gift

☐☐ Q. 일에 효과적으로 집중하기 위해 몸/건강 중 필요한 점을 충분히 검토했나요?

☐☐ SQ. 몸은 PT, 정신을 위해시는 코칭 …… 완벽하군요. 이제 당면한 일을 위한 창의성만 남았군요. 무엇을 어떻게 하겠습니까?

□□ Q. 아직 발휘하지 않고 숨겨둔 재능이 있다면 이 일에 어떤 것을 발휘해보시겠습니까?

(7) 네트워크network: 웹 환경, 고객, 관계의 모든 방향과 경우의 수

□□ Q. 디지털 협업 도구를 활용하여 더 높은 시너지 환경을 만든다면 어떤 도움이 될까요?

□□ Q. 당신의 실행 결과를 기다리는 고객이 있다면 그 결과는 그들에게 어떤 유익이 될까요?

□□ Q. 모든 팬에게 당신의 성과를 미리 약속한다면 무슨 말을 하겠습니까?

[코칭 대화 예시] 실행 계획 점검하기

(p.114에 이어서)

코치 26: 지금까지 나온 것을 정리해 보니 어떤 것부터 실행해야 한다고 생각하시는지요?

고객 26: 일단 쉬운 일이 아니구나. 또 간단한 일도 아니구나 하는 생각이 먼저 드는군요.

코치 27: 네. 먼저 어느 정도 기간이 필요하시다고 생각하시나요?

고객 27: 먼저 서둘지 말자는 생각이 먼저 듭니다. 길게 보고 천천히 가자……

코치 28: 정말 중요한 이야기라는 생각이 듭니다. 길게 보고 천천히 가자고

할 때 일단 무엇부터 시작할 수 있다고 생각하시나요?

고객 28: 일단 아이와 친해지자는 마음으로 편하게 평소와 다름없이 이야기하고요. 그러면서 요즘 남자녀석들, 아들 또래가 좋아하는 것들, 즐기는 것들에 대한 정보도 수집하고, 친구들에게 아이디어도 구하고…….

코치 29: 네 물론 꼭 필요하고 중요한 일이지요. 그렇다면 다음 한 주 동안은 무슨 일을 어떻게 하시겠습니까?

고객 29: 평소와 다름 없이 그냥 아이의 이야기를 듣자. 잘 듣자.

코치 30: 그것을 위해 무엇을 준비해야 한다고 생각하시나요?

고객 30: 준비요? …… 음 …… 코치님하고 대화하며 든 생각인데 코치님이 말을 적게 할수록 내가 이야기를 많이 하게 되는구나 하는 생각이…아들에게도 우선 나부터 말을 하지 않고 아이가 이야기하기를 기다리자는 생각이 듭니다.

코치 31: 아. 네. 기다리는 마음을 준비하신다는 말씀이군요.

고객 31: 그렇게 되나요? 좋은 준비입니다. 알고 나면 그리 어려운 일은 아닌 것 같습니다. 어떤 긴 여행의 시작 같은 기분이 드는군요.

코치 32: 좋은 말씀입니다. 아들과 같이 출근하면서 자신이 해야 할 마음가짐을 한 마디로 표현해본다면 어떻게 하시겠습니까?

고객 32: ……. (어떤 소신이랄까……)

코치 33: 제기 한미디 해도 될까요?

고객 33: 좋지요.

코치 34: 아들은 내가 한 말에 귀 기울이기보다는 내가 말하고 돌아선 뒷모

> 습을 보고 배울 것입니다. 부모가 보이는 행동, 그림자를 보고 배우는 것이겠지요.
>
> 고객 34: 좋은 말씀입니다.
>
> 코치 35: 별안간 생각이 나서 그런데요……. 꼭 매일 함께 출근해야 될까요? 아들의 입장은 어떨 것으로 생각하시나요?
>
> 고객 35: 그런가요? 그렇지요. 좀 가볍게 시작하며 일주일에 한 두 번은 저도 일찍 집을 나서서 수영장에 들르는 것도 좋을 것 같습니다. 제가 좀…… 마음의 부담을 갖고 있었던 것 같군요.
>
> (생략)

[연습 문제]

다음 주제를 실행 부분에 집중하여 대화하고 필요한 질문을 정리해보세요.

1. 아이디어를 실행, 행동할 수 있게 스케줄을 잡고 시행하기
2. 최대의 유익이 되게 자기 평가 도구 self-assessment tools를 선택하여 실천하기
3. 문제 해결 시간 problem-solving time을 50%로 줄이기
4. 단호하면서도 사랑을 가지고 '아니오' 할 수 있는 다섯 가지 개인적인 방법 개발하기

5. 내 창조성 발휘를 방해하는 주요 장애를 제거하기
6. 내 비전을 명확하게 하고 개인화하고 기억하기 identify, personalize, memorize
7. 적극적 변화를 위해 내 생활의 50%까지 비효율적인/잘못하는 시간 줄이기
8. 시간 약속을 30% 줄이기

[Practice 4]

1. 실행(Will)에 관한 추가 질문 만들어 익히기
2. G → R → O → W 각 단계별로 질문 방향에 맞는 2~3가지 추가 질문을 하여 연결해나가기
   1) 최선의 것 선택하기, 미루지 않고 즉시 실행할 수 있는 것 선택하기, 가볍고 쉬운 것 선택하기 등을 가능하게 하는 질문을 중심으로 연습하기/자기만의 노하우 만들기
   2) 따뜻하게 격려하는 지원 환경을 통해 실행을 촉진하는 후원 환경을 고객 특성에 맞춰 설계하기
3. 목표-현실-갭-고객과 합의-갭 해결을 위한 다양한 선택지 만들기-최선의 선택 등을 연결하여 실습해보기
4. 위와 같은 실천을 여러 차례 해보면서 부딪친 어려움, 속에

서 떠오른 의문, 짐작되는 코칭 대화 상황 등에 대해 질문 리스트를 만들어 정리하기

■ 실행 방안 설계를 위한 질문

☐☐ Q. 다음 단계는 무엇인가요? 혹시 한 가지 실행을 선택할 수 없는 이유가 있나요?
☐☐ Q. 정확히 언제 그것을 할 것입니까?
☐☐ Q. 그 일을 방해하는 장애물은 무엇인가요?
☐☐ Q. 그 일을 성공하기 위해 동원해야 할 자원/사람이 있다면 무엇인가요?
☐☐ Q. 그것을 동원하기 위해 당신이 해야 할 일이 있다면 무엇인가요?
☐☐ Q. 당신이 그 일을 할 수밖에 없는 방법이 있다면 무엇인가요?
☐☐ Q. 누가 당신이 그 일을 지속할 수 있게 지원해줄 수 있나요?
☐☐ Q. 당신이 하겠다는 이런 방안이 정말 당신 삶/생활에서 편안한 것인가요?
☐☐ Q. 당신이 그 일을 즐겁게 할 것이라는 믿음을 제게 줄 수 있는 방안이 있다면 무엇인가요?
☐☐ Q. 그 일을 마친 후에는 무엇을 할 것입니까?

■ 행동 촉진 질문 1

☐☐ Q. 당신이 원하는 것을 모두 적어 목록을 만들어 보실까요? 무엇이든…….

☐☐ Q. 다른 방법이 있다면 그것은 무엇인가요?

☐☐ Q. 희망과 습관에 차이가 있다는 말씀이군요. 그것을 보면 어떤 느낌이 드나요?

☐☐ SQ. 그 차이를 알고 감안하면 어떻게 하면 될까요?

☐☐ Q. 해보지 않은 행동이 주는 설렘을 느낀다면 당신은 움직일 수 있나요?

☐☐ Q. 떠나지 못하는 고향에는 사연이 있기 마련입니다. 하지 못했던 숨겨둔 사연을 듣고 싶군요?

☐☐ Q. 궤도 이탈에는 중력을 넘는 힘이 필요합니다. 무엇이 더 필요한지 이야기해줄 수 있나요?

☐☐ Q. 지금 머물러 있는 지점에는 어떤 유익이 있나요?

☐☐ Q. 매일 조금씩 함께 하자고 제안하고 싶군요. 그렇게 하실 수 있나요?

☐☐ Q. 그렇다면 당신이 정말 하고 싶은 일은 무엇인가요?

☐☐ Q. 코치가 바로 만 발 뒤에서 뛰고 있습니다. 언제든 이야기해주십시오.

■ 행동 촉진 질문 2

□□ Q. 정기적으로 점검할 방법을 생각해 봅시다. 말 이외에 어떤 방법이 있나요?

□□ Q. 목표가 진척되지 않는군요? 혹시 그래도 계속 유지하길 원하시나요?

□□ Q. 당신이 하는 노력을 점검할 수 있는 좋은 방법이 없을까요?

□□ Q. 정기적으로 보고하며 점검할 수 있는 시스템이 있다면 무엇인가요?

□□ Q. 당신이 도전했으면 하는 한 가지를 제안하고자 합니다. ~~~ 어떨까요?

□□ Q. 당신이 계획한 시간을 10% 더 단축하여 달성한다면 어떤 문제가 있나요?

□□ Q. 언제까지 그 일을 마무리하겠습니까? 두 배의 힘이 들지는 않을 듯 한데……. 어떤가요?

□□ Q. 그 일을 성공한 10년 후 당신의 모습은 어떤 모습일까요?

□□ Q. 그 일을 두 배로 더 확장한다면 어떤 그림이 될까요?

부록: 코칭 대화 축어록

이 기록은 코칭 기초 강의 현장(2017.8)에서 시연했던 내용이며, 고객 관련 내용은 코칭교육에 처음 참여했던 외국계 기업 여성임원의 내용이다. 제3자가 짐작할 수 있는 내용은 삭제 변경했으며, 본인의 검토와 허락을 받고 수록한다.

코치 1: 코칭 대화를 나누게 돼서 반갑네요? 어떠세요…….
고객 1: 아주 영광입니다.

코치 2: 저는 아주 떨려요……. 평소 코칭 대화한다면 이런 걸 나눠보고 싶다고 생각한 것이 있다면 어떤 걸까요?
고객 2: 코칭 대화를 한다면 어떻게……. 오늘 여기 오게 된 계기도 그런데…… 제 직원들이, 상사 분에 대해 이야기 많이 했는데, (으응) 직원들이 매우 오랫동안 별 변화가 없는데(그래요?), 10여년 근무했던 직원들이 조직의 변화를 앞두고 새로운 프로젝트를 하는데 그동안 그런 경험이 없기에(없기에) 도전 상황에 대한 의욕이 없고, 실천적이지 않고, 자기 안에 갇혀서 하던 패턴대로 하려 하고, (흐응) 그런 일들이 안 되면…….

　어떻게 직원들이 갇힌 자기 모습에서 탈피해서 업무를 수행하고 해결이 안 되었을 때 변명하기보다는 해결 방안을 찾게 직원들을 유도할 수 있을까, 음……. 자기 모습에서 탈피해서, 그런 방안을 찾게 유도할 수 있을까.

　그게 저의 고민이에요. (오호~~) 그런 모습 볼 때 …… 처음에는 안

타까웠지만 시간이 갈수록 화가나고 그래요. 안일하게 판단하고 매번 하던 일을 같은 방법으로밖에 할 수 없고, 뛰어 넘지 못할까……. 다양한 생각을 안할까. 그런 안타까움이……. 속상하고 화도 나고, 소리를 내다가 어느 때는 어르기도 하는데……. 내가 어떤 다른 모습을 보여야 하나, 아니면 새로운 그런 동력을 외부에서 데리고 와야 하나 그런 고민을 하는 상황이에요.

코치 3: 그런 상황과 현실은 본인과 어떤 관계인가요?

고객 3: 조직이 바뀌면서 새로운 업무를 실행하게 되어 같이 하는 거예요. 물론 나는 전체를 관리하고 프로젝트 매니저는 따로 있어요. 기간도 있고, 각 구성원이 자기가 이를 위해 뭐를 해야 하나, 해야 하는데 그것이 허술한 거죠. 처음에는 하나하나 봐주다가 …… 왜 이런 일을 …… 자기가 해 왔던 일인데 새로운 하나가 더 추가된 것뿐인데, 왜 생각을 넘지 못하는가? 비슷하게도 구현하지 않는가? 그 구현을 계획하지 못하는가? 결국은 내 밑에서 일어나는 일이기에 회사 내부에서 책임을 지는 것은 결국 내가져야 하니까……. 나로서는 성공적으로 이런 프로젝트를 …… 잘하게 만들기 위해 어떤 계획을 만들어야. 만약 못하면 결과는 뻔하고 …… 부족한 사람들은 나가야 할텐데……. 부서장들이 책임의식도 적고 하니 결국은 내 입에서 나와야 하고 …… 답답함이 많아요.

코치 4: 그러면 결국 저와 이야기하고 싶은 것은 무엇인가요? ㅎㅎㅎ

고객 4: ㅎㅎㅎㅎ 그래서 제가 …… ㅎㅎㅎ 이야기하고 싶은 건, 제가 직원들

하고, …… 잠재력이 있는데 그들에게 어떻게 다가가야 성장할 수 있는가? (성장할 수 있을까?) 그렇게 해서 그런 걸 프로젝트에 반영하고 싶고, 또 하나는 나도 조직의 일원으로 어떤 모습을 보여야 직원들이 보는 입장에서 나은 매니저로(아하!) 보일 수 있을까?

코치 5: 어떡하면 그들이 자발적으로 일할 수 있게 할 수 있을까? 어떡하면 내가 그들에게 좋은 모델이 될 수 있을까? 그런 건가요? (ㅎㅎㅎ 그렇지요) 어디로 가고 싶으세요? 두 가지 길 중에서……

고객 5: 두 가지 길이라면 전자가 맞는 것 같아요.

코치 6: 그러면……. 본인이 했던 노력은 무엇인가요? 간단히 몇 가지로 정리한다면?

고객 6: 두세 가지로 정리하면 직원들에게 프로젝트에 대해 여러 차례 자세하게 교육했어요. 직원들이 모를 수 있으니까 각자 한국 말로 소통해도 이해가 다르더라구요. 여러 질문이 있으면 질문을 해라. (질문을 하라고 요청했군요) 요청을 했고, 그 다음에 매주 미팅 때마다, 프로젝트 계획대로 안 될 때마다 알려줘라. (아, 즉시 알려달라). 네. 그래도 교육은 내가 했으니까 직원들이 얼마나 알아들었는지 질문이 없으면 모르는 거 잖아요.(그렇지요) 근데 질문이 없어요. 세 번째 일도 일이 안 되면 안 되는 원인을 파악하고 어떻게 해야 하는지 연구해야 하는데, 직원들 태도는 '일이 안 됐습니다. 잘 모르겠습니다' 이런 거예요. 모르니 해결책도 모르는 거예요. 그것에 대해 적극적 의사소통을 해야 하는데……. 월요일 미팅하고 나서는 다음 주 월요일까지 기다리지 말고 바로 바로 이야기하라고 했지만, 월요일까지 기다리는 거에요. 서로서로 책임을 지지 않고 회피하는 거에요. 제가 화가 나는 거죠. 화가 나면서 그런 생각이 들어요. 조직에서 제한된 자원을 갖고 일을 하려면 한계가 있는데, 자원이 한계가 있으면 회사에서는 할 수 있는 게 별로 없거든요. 부족한 직원을 내보내고 할 수 있는 능력 있는 직원을 뽑아야 하나……. (음…….) 그대로 10여 년 함께 했던 직원들인데 이 선택은 최후의 선택이어야 하는데 왜 말을 하면 못 알아 들을까 하는 생각에 저도 디프레스가 되는 거에요. (아…….) 그러면서 …… 이런 식으로 그냥 본사에 보고해야 하나 …… 그러면 자존심이 들고……. 그러니 제가 직원들 일을 너무 디테일하게 간섭하게 되는 거에요. 경험이 많거나 잘 아는 사람은 디테일을 보지 않고도 스스로 원인을 찾는데……. 디테일까지 보게 될 필요는 없는데…그러니까 하나 하나 간섭을 하게 되는 상황이 되는 거지요…….

코치 7: 그런 상황이면 본사 조직에서는 어떤 일이 일어나나요?

고객 7: 본사 조직은 저만 믿는거에요. 오로지. 그러다 보니 제가 너무 힘이 들게 되는. (본인에게 너무 힘이 드는)

코치 8: 직원들은 어떤 상황인가요?

고객 8: 직원들은 하긴 하는데 제 눈치를 보고, 그리고 …… 어 …… 약간 …… 어떤 상황이 벌어지는가 하면……. 눈치를 보면서 열심히는 하지만 일에 열정을 느껴서 하기보다는……. 일이 좋아서 하기보다는 어 …… 약간 …… 어 …… 강압에 못이겨서 하는 …… 쫓겨서 하는 ……

(으응) 그런, 그러고 있지 않은가……. 내가 느끼기에 …… (음……) 그것이 표면에 보이진 않아요. 제가 느끼기에 …… 프로젝트가 완성되면 그 일을 그냥 루틴하게 해야 하는 일인데…… 일을 해야 하는 일인데, 제가 정말 알고 일을 하는 건가 하는 …… 의심도 들고, 그 일을 안 해도 되는 일인데 …… 하게 되는……. 한다고 하며 그냥 하는 건 아닌가 …… 약간 억지로 하는 건 아닌가 하는 …… 생각도 들고.

코치 9: 만약에 그 일을 처음부터 다시 한다면……. (이 일을 다시 한다면?) 내가 처음부터 다시 시작한다면, 어떻게 했을까요?

고객 9: 부서장에게 플래닝을 안 맡겼을 것 같고, 정말이에요. (아 그렇군요) 그 다음에 …… 음 …… 이 프로젝트를 시작하기 전에 인적 구성을 바꾸지 않았을까……. (아, 그렇군요)

코치 10: 혹시 하지 말았어야 할 일……. 다시 한다면 이것은 안 했어야 했다 하는 일이 있다면 무엇인가요?

고객 10: 만약 다시 한다면, 다시 하게 된다면 이것은 안 하겠다고 생각하는 일이죠? 이 …… 약간은 …… 이것은 제 스스로 생각하는 것이긴 하지만……. 직원들이 10여 년 같이 있었으니까 제가 매니저이긴 하지만 제가 무서운 것은 없을 거잖아요. 저 사람이 매니저니까 내가 좀 이래도 봐줄 것이다 그런 생각을 했을 거 아니에요……. (아 그렇군요) 모르고 가져다 주면 어떻게든 해주겠지, 할 거 아니에요……. (네…….) 그러니까 프로젝트를 하라고 하면……. 싱가포르에서 네가 직접 와서 프로젝트를 해라. 그렇게 했을 것 같아요. 회사가 크지 않아 총 60명

되고 이걸 하는 팀은 20여명이니까……. 조금은 가족 같은 분위기인 거예요. 새로운 프로젝트가 완성되면, 최대 주주가 바뀌었으니 우리 회사도 급변하게 될텐데……. 저는 늘 교신하니까 그걸 잘 알잖아요. 직원들은 이런 감을 나만큼 못 느끼는 거예요. 또 문제가 있었어도 지난번에도 그냥 넘어갔으니까 안이하게 생각하고……. 그냥 네가 직접 와서 프로젝트를 리딩해라!

코치 11: 그 사람이 왔어요. 그렇다면 본사에서 온 그 책임자는 부사장님에게 어떤 해법을 제시할 것 같은가요?

고객 11: 네……. 싱가포르에서 왔어요. 제가 보기에는 제게 …… 일단 직원 역량에 대해 많이 언급했을 것 같고, 그러면 그가 왔으면 저는 편했겠지요. 하지만 또 다른 갈등이 …… 누구를 내보내냐 등등……. 아마 갈등이 생기겠죠……. 많이 나가게 되었을 가능성도 높고…….

코치 12: 음……. 그 말씀은 싱가포르에서 직접와서 하는 것보다는 내가 직접 하는 게 좋았다는 말도 같이 하시는 게 아닌가 그렇게 들리는데……. 혹시 맞나요?

고객 12: …… (침묵) …… 아마도 …… 직원들 스트레스 레벨은 훨씬 높았을 것이고, 아마도 자발적으로 회사를 떠났을 사람도 많았을 거라는 생각도 들어요. (네……)

코치 13: 직원들의 자발성과 역량 발휘는 어떻게 달라졌을 거라 생각하나요?
고객 13: 직원들 역량 발휘는 큰 차이는 없었을 거라 생각돼요. (아, 그렇군요)

코치 14: 여기까지 생각해보면서 다음 주 출근하면 (네……) 스스로 한 가지 행동을 더 한다면 어떤 행동을 하겠습니까?

고객 14: …… 오늘 배운 것은 …… 질문을 해야겠다……. ㅎㅎㅎㅎ 그런 생각이 들어요……. (아 그래요?) 네……. 지난번에는 일을 체크하지 않아도 미루어 짐작하는 게 있고, 어느 부분이 잘못되었을 것이라는 생각이 든다고 했잖아요. 예전에는 '그건 어떻게 되었어?' 하면서 정확히 찝으면서 항상 질문을 했어요. 지금은 그냥 직원에게 전체 과정을 이야기해보라고 할 것 같아요……. (네, 그렇군요)

코치 15: 그러면…… 그걸 현찰처럼 질문을 만들어 본다면 어떻게 되는 건가요?

고객 15: 음 …… 예를 들면……. 그 플로우 중 …… 프론트 부분 전체를 다시 한 번 이야기해보겠니? 하나를 좁게 찍기보다는 넓게 범위를 줘서 고객이 설명하게 하는 거지요. 이렇게 이야기하다보면 스스로 본인이 버벅거리는 부분이 나오면 …… 자신이 해결책도 이야기하게 될 것 같아요. (아……. 그렇군요)

……

(이하 생략)

제3장

GROW-candy 모델의 다양한 활용

GROW–
candy
model

 **1. 목표 설정과 관련한 활용**

목표 설정을 정밀하게 하는 EXACT 대화 모델

GROW-candy 코칭 대화 모델을 아래 [그림 3.1]같이 이미지로 이해해왔다. 이제는 이를 기본 틀로 해서 검안용 안경테처럼 다양하게 렌즈를 바꿔 활용해보자.

목표 설정과 실행 계획 수립을 조금 간단하게 대처하는 방법으로 코치들마다 여러 가지 경험을 자기 나름대로 정리하고 접근 방안을 마련한다. 그러나 막상 코칭 세션이 진행되면 두 사람의 상황

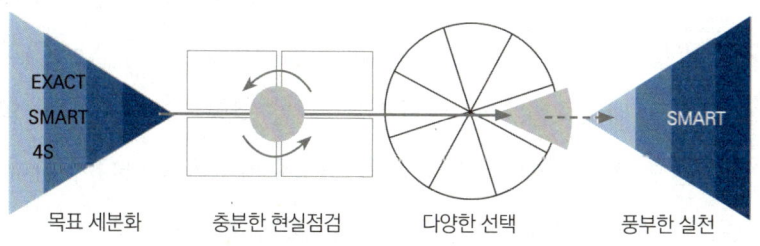

[그림 3.1] GROW-candy 모델과 목표 실행 활용

과 주제에 따라 대화가 매우 복잡하여 일률적으로 적용하기가 쉽지 않다. 오랜 경험과 코칭 대화 후의 지속적 성찰을 통한 숙련이 필요하다. GROW-candy 모델 이미지를 기본으로 해 목표 설정을 정밀하게exact하기 위한 방안으로 **EXACT 대화 모델**을 소개하고, 실행 과제는 깔끔하게smart 하기 위한 **SMART 대화 모델**을 검토해 보자.

케롤 윌슨Carol Wilson(2014)은 이를 위해 가이드로 EXACT 목표 설정goal-setting 모델을 제시하며 기존에 나와있던 SMART 대화 모델과 비교하여 안내한다. 고객들은 목표를 정할 때 흔히 어떻게 반응하는가? 대체로 ①타인에 의해 제시받은 의제 또는 ②자신이 하지 못한 것에 대한 무의식의 압력에 의해 결정한다고 지적한다. 필자가 보기에도 ③해도 그만 안 해도 그만인 주제, 그다지 결과를 기대하지 않는 부담 없는 주제를 말한다든지 ④자기가 언젠가 필요할 때 알아서 할 것이니 답이나 힌트만 얻어도 되는 주제 등을 목표로 설정하기도 한다.

목표 설정에 대한 이런 태도가 드러나면 코치는 일단 '**알면서 대처하기**'를 할 수밖에 없다. 이는 코치가 아예 모르거나, 알아차리지 못하고 대처하는 것과는 다르다. 만약 정말 그렇다면 코치의 '둔감함'을 검토해야 하고, 코치가 코칭수퍼비전을 받아야 한다. 코치의 '알면서 대처하기'는 위와 같은 고객의 목표라 할지라도 코칭 목표를 효과적으로 설정하도록 지원하고, 이런 주제라도 고객의 **가치**와 **성과 도출 스타일**이 반영되고, 보다 도전적인 목표와 과제를 잡도록 도움을 주는 것이 필요하다.

코치는 목표 설정 단계부터 고객이 ①**에너지** 넘치게 하고 ②**자신이 집중할 지점**을 자각 인식하도록 돕고 ③불가능하다고 유보한 영역도 도전할 수 있도록 **동기부여**하며 ④새로운 영역으로 항해하도록 호기심을 자극한다. 이를 위한 적절한 모델이 바로 EXACT 목표 설정 모델이다(Carol Wilson, 2014).

EXACT_목표 설정 모델			The SMART_목표 설정
Explicit	분명한	한 가지 초점, 몇 개 단어	**S**pecific 구체적 **M**easurable 측정 가능 **A**greed/ Achievable 성취 가능한 **R**ealistic/Relevant 현실적인/적절한 **T**ime-framed 시간 설정
e**X**citing	신나는	긍정적 관점과 영감을 주는	
Assessable	산정 가능	측정화	
Challenging	도전	아이디어 도출, 확장	
Time-framed	기간 설정	3-6 개월	

Carol Wilson. (2014) Performance Coaching 4th . KoganPage.

이 모델은 분명하고Explicit, 신나고eXciting, 목표 달성 여부를 산정할 수Assessable 있으면서도, 도전 가능한Challenging 목표 설정을 제시하며, 기간을 분명하게 한다Time-framed. 이를 위해서는 코칭 세션을 최대한 긍정적으로 구조화하고positively framed, 한 단계 더 큰 도전을 위해 최선의 성취를 향한 확대 목표, 일종의 **발 뒤꿈치 목표**가 필요하다(4장 참조). 특히 코치에 의해 영감을 자극받거나 영감을 불러 일으키는inspiring 경험을 목표 설정 단계부터 제공해야 한다.

효과적인 목표(케롤 윌슨Carol Wilson, 2014)는 두뇌 패턴과 매칭 시스템의 도움을 받아야 한다. 우리는 대체로 다른 것은 모두 필터링하고 '현재current time' 자신이 관련된 것에만 주의를 집중한다. 이를테면 바쁜 공항에서 우리는 자기 이름이 언급되지 않으면 방송을 무시하고 흘려 듣는다. 이럴 때 주의를 기울이지 않으면 자기 이름을 듣는 것은 기적에 가깝다. 반면에 주의를 기울이면 두뇌의 패턴 매칭 시스템은 이를 놓치지 않고 스스로 들으려고 조응한다. 자기 이름이 있는지, 무슨 내용인지 주의를 기울이면 쉽게 듣는다. 바로 **매칭 시스템**이 작동 한 것이다. 목표 설정 대화도 이런 매칭 경험 안에서 주의 집중을 체험하도록 설정한다.

신경과학 연구를 코칭 임상에 적용하며 활동해온 에이미 브랜Amy Brann(2015)은 코치에 대한 정의를 이렇게 내린다. '코치란 자기-지시적 신경 가소성self-directed neuroplasticity을 촉진하는 전문가'이다. 언제나 자신의 목표 추구, 희망하는 행동을 위한 두뇌 매칭 시스템이 작동되도록 신경 가소성을 유지하고 촉진하는 전문 활동이 코칭이다.

이는 부모들이 아이들에게 늘 당부하는 말 중 '정신 바짝 차려라'라는 말의 이치도 사실상 두뇌 신경 매칭 시스템을 유지하게 하는 것이 아닐까 한다. 이렇듯 매칭 시스템의 활성화를 염두에 두면서, 습관 교체와 고객의 실천 가능성 확대에 특별히 주목하는 목표 설정 모델이 EXACT 모델이다.

■ EXACT 모델을 활용한 목표 설정 질문

☐☐ Q. 말씀하신 목표를 몇 가지 단어로 간단히 정리해주시겠습니까?

☐☐ Q. 더 분명하게 초점을 맞춰 한 문장으로 만들면 어떻게 되나요?

☐☐ Q. 그 목표를 신나게 놀이하듯(즐겁게) 한다면 어떻게 표현하시겠습니까?

☐☐ Q. 자유로운 나비처럼 마음대로 날아다니면서 목표를 살펴본다면 무엇이 새롭게 보이나요?

☐☐ Q. 100% 긍정에 서서 목표를 가다듬으면 어떻게 표현하겠습니까?

☐☐ Q. 다음날 일어나 보니 목표가 모두 이뤄졌습니다. 당신의 몸/마음이 어떤 느낌이 드나요?

☐☐ Q. 목표를 이룬 당신을 다른 사람이 보면 무엇이라 할까요?

☐☐ Q. 목표를 확장하기 위해 한 걸음 더 들어가 봅시다. 어떤 목표가 보이나요?

☐☐ Q. 지금 말하는 목표를 두 배 더 확장하면 어떻게 설명할 수 있을까요?

☐☐ Q. 조금만 더 도전한다면 어떻게 하시겠어요?

□□ Q. 목표 달성까지 3개월 안에 가장 방해가 되는 습관을 버린다면 목표가 어떻게 달라지나요?
□□ Q. 목표의 성공을 진정으로 원하시나요? 그렇다면 새로운 습관이 필요합니다. 그것은 무엇인가요?
□□   SQ. 그 습관으로 다시 목표를 설정한다면 어떻게 바뀌나요?
□□ Q. 3개월 안에 달성한다면 목표 달성까지는 몇 계단이 있나요?

목표 설정을 깔끔하게 하는 SMART 대화 모델

반면에 코치들에게 잘 알려진 SMART 대화 모형은 목표 설정과 실행 과제를 검토할 때 모두 활용 가능하다. 이 모델은 기업이나 조직에서 매우 광범위하게 활용되는 기본 모델이다. 상대와 목표 설정, 실행 과제를 점검할 때 깔끔하게smart 목표와 실행 과제를 정리하여 서로 분명한 '일치'가 필요한 경우 유효하다(2019, ICF 11가지 핵심 역량 10; 2020. ICF 8가지 핵심 역량에서는 삭제됨).

SMART 내용은 목표와 과제를 먼저 구체적specific으로 확인하고, 본인이나 제 3자도 측정 가능하게 설정하며measurable, 성취 가능성과 상호 동의achievable/agree에 방점을 둔다. 또 고객의 실천 맥락과 관련해서도 현실성과 적절성realistic/relevant을 중요시한다. 실행 기간을 설정하는 것은 EXACT 모델과 같다.

EXACT 모델이 에너지 **상승**, 집중할 **지점**, **영감**을 불러 일으키는 것을 강조하나, SMART 모델은 **현실성, 성취 가능성**을 강조한다. 이 때문에 다른 사람의 목표 설정을 관리해야 하는 매니저나 조직에서 코칭할 때 활용도가 높다.

성과를 중심가치로 하는 조직에서는 개인적이든 집단적이든 서로 눈치 보거나 고무 되어 높은 목표를 설정하는 경향이 있는데, 이것을 달성해야 하는 사람이나 체크하고 지원하는 사람에게는 부담이 될 수 있다. 코치 입장도 마찬가지다. 고객이 자기 확신과 명료성이 부족해 낮은 목표를 세우는 경우에 코치는 SMART목표 설정에 머물면서도, 성과를 점검하면서 고객이 제기하는 목표를 조금씩 확장하고 높여 나가도록 지지하고 촉진하는 별도의 노력이 필요하다.

높은 리그로 올라가는 대신 **최하위 밑바닥 리그**에 머물고 있는 고객이라면 코치는 특별하고 세심한 대처가 요구된다(Carol Wilson, 2014). 두뇌의 패턴 매칭이 최하위 리그에 맞춰져 있다면 이 현실을 자극해 낮은 에너지와 동기부여를 촉진하며, 밑바닥 리그의 늪에서 나올 수 있는 조치가 필요하다. 이때 목표 설정을 SMART 대화 모델로 한다면 실현 가능하다는 신념과 느낌을 갖게 된다. 성취 가능성, 목표 달성을 위한 분명한 측정을 통해 고객의 작은 성공을 축하하며, 긍정성과 가능성을 확보해 기초를 튼튼하게 쌓아 나간다.

특히 코칭 계약은 코칭 여정旅程에서 초기 단계는 성공 가능성, 성공에 대한 경험 축적이 필수적이다(2019, ICF 11가지 핵심 역량 10; 2020 ICF 8가지 핵심 역량 3). 코치가 목표 설정할 때 이런 점을 유념한다면 목표 설정에서 SMART 대화 모델을 활용할 수 있다.

■ **SMART를 활용한 목표 설정 질문**

☐☐ Q. 말씀하신 목표를 좀 더 구체적으로 이야기해주겠습니까?
☐☐ Q. 지금 확인한 실행 과제를 현재 상황에 맞게 표현해주시겠습니까?
☐☐   SQ. 그 목표를 다음 주까지 할 수 있게 잘라보겠습니까?
☐☐ Q. 그것이 달성 된 것을 본인은 어떻게 알 수 있을까요?
☐☐   SQ. 그것이 본인에게 잘 맞나요?
☐☐ Q. 그 목표가 이루어진 결과로 무엇이 달라지나요?
☐☐ Q. 그것이 달성 되었다는 것을 어떻게 측정할 수 있나요?
☐☐ Q. 언제까지 어떤 결과면 만족한가요?
☐☐ Q. 그 일이 당신에게 가능한/적절한 근거는 무엇인가요?
☐☐ Q. 그것이 가능한/현실에 필요한 근거는 무엇인가요?
☐☐ Q. 그때까지 달성할 가능성은 몇 퍼센트입니까?
☐☐ Q. 언제까지 그 일을 달성하겠습니까?
☐☐ Q. 결국 그 일을 기한 내에 완수하는 데에 필요한 가장 중요한 과제는 무엇인가요?

2. 실행 점검을 위한 응용

1) 실행 점검을 위한 Will_SMART 대화 모델

GROW-candy 모델에서 고객의 실행 과제를 구체화할 때 역시 SMART 모델을 활용한다([그림 3.1]). 어떤 점에서는 목표 설정보다는 실행 관련 내용을 체계적으로 검토할 때 실행 과제를 깔끔하게smart 정리하게 안내한다. 무엇보다도 고객이 다음 코칭 세션에 올 때까지 꼭 실행할 수 있게 정리하는 것이 중요하다. 고객 삶의 현장은 새로운 실행이 쉽게 방해받는 공간이다. 새로운 실행일수록 방해 상황은 더 크다.

 실천을 위한 과제를 구체적으로 설정하고, 서로 동의한다는 점을 확인하며 실행의 현실성도 확인한다. 이 대화 모델의 활용은 실행 점검이 현실에 기초하면서도 누수 없이 꼭 필요한 사항을 점검할 수 있게 한다.

■ SMART 모델을 활용한 실행 구체화 질문

☐☐ Q. 지금까지 이야기한 것을 근거로 실행 과제를 정리한다면 어떻게 되나요?

☐☐ Q. 실행 과제가 구체적으로 들어오나요? 아니면 필요한 대화를 더 나눴으면 합니다.

☐☐ Q. 실행 과제를 좀 더 구체적으로 설명해주시겠습니까?

☐☐ SQ. 일주일 분량으로 나눈다면 첫 번째 할 일은 무엇인가요?

☐☐ Q. 그것을 과연 얼마나 할 수 있습니까?

☐☐ SQ. 자신이 확실히 약속할 수 있는 것을 선택해 잘라보시겠습니까?

☐☐ Q. 1~10 중 현재 어느 정도라고 생각하나요?

☐☐ SQ. 그것을 어느 정도까지 한다고 보면 되나요?

☐☐ Q. 그 결과를 무엇으로 측정할 수 있나요?

☐☐ Q. 그것이 정말 가능한 이유를 몇 가지 말해주겠습니까?

☐☐ Q. 이것이 정말 본인에게 적절한지 어떻게 알 수 있나요?

☐☐ Q. 그것을 실행하면 당면한 현실에 어떤 변화가 오나요?

☐☐ SQ. 그것을 꼭 실행한다는 약속을 무엇으로 할 수 있나요?

☐☐ Q. 상상할 수 있는 현실적 어려움이 있다면 무엇인가요?

☐☐ Q. 이 방안이 현실에 정확하게 맞는 해결을 위한 나사라면 어떻게 조정하면 되나요?

□□ Q. 이것을 언제 하겠습니까?
□□ Q. 주어진 시간 내에 다 하기 위해 다시 한 번 조정할 것이 있다면 확인해보셨나요?
□□ Q. 언제쯤 그 결과를 제가 볼 수 있나요?

2) 실행 점검과 성찰을 집중하는 스타 대화 모델

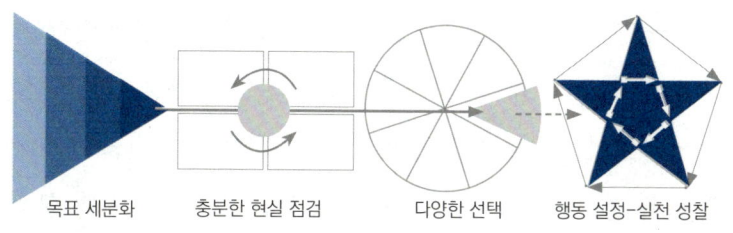

[그림 3.2] GROW-candy 모델 2. 실행을 위한 스타 대화 모델

한 걸음 내딛어야 다음 한 걸음이 보인다.

코칭은 결국 실행이다. 변화와 성장을 위해 무엇보다도 구체적인 실행이 중요하다고 생각하는 코치는 이런 저런 실행에 관한 대화로 충분히 만족하시지 못한다. 한 줌의 실행이 쌓여 거대한 변화의 이정표가 세워진다면 코칭 세션에서 실행 관련해 좀 더 분명히 다루고, 실행 후에는 이것을 다시 고객과 성찰하는 것을 강조한다.

페이스메이커로서의 코치는 긴 호흡으로 여정을 같이 하지만, 한 걸음씩 걷는 보행에 동행하는, 함께 걷는 동행자이다. 실행 발걸음을 맞춰 함께 걷는 것이 변화를 만든다. 성찰과 통찰, 아하a-ha나 이크eee-k의 순간에 함께 머물며 섬세하게 목격하는 것이 오히려 실행의 속도를 높이고 각도를 조정하게 한다. 이런 점에서 실행은 곧 별과 같다.

GROW-candy 모델과 같이 목표 세분화(G) - 충분한 현실 점검(R) - 다양한 선택 방안(O)까지 효과적인 질문으로 선택 방안을 풍부히 논의하는 것까지는 자연스럽다. 하지만 실행을 강조하는 코치의 입장에서는 실행 방안을 확정하고 구체적인 방안을 논의하기 위해 더욱 강조된 새로운 접근이 필요하다. [그림 3.2]처럼 실행을 위한 별도의 접근으로 행동 설정과 실행 성찰을 위한 다섯 가지 항목을 중심으로 스타 이미지를 익혀 둔다.

한 줌의 실행이 쌓여 거대한 변화의 이정표가 세워진다.

GROW-cany 모델의 실행Will 부분을 탐색하며 행동을 설정할 때 다섯 가지 항목으로 대화한다(캐롤 윌슨Carol Wilson, 2014). [그림 3.3]에서 보듯 실천 과제를 행동으로 설정하기 위한 별도의 다섯 가지 프로세스를 진행한다. 기존의 실행과 다른 점은 코칭 관계 안에서 고객에게 좀더 적확하게 맞아 들어가게 짜들어 간다는 점이다.

Performance Coaching 2014. KoganPage. 번역, 그림 김상복

[그림 3.3] 행동 설정을 위한 다섯 가지 방침

먼저 목표에 걸맞게 실천 과제를 ①명확하고 간결하게clear and concise한다. 실천 과제를 일주일 또는 하루 단위로 포장하도록 제안한다. 코치이(고객)가 무엇을 어떻게 할 것인지를 명백히 이해해야 하기 때문이다. 한 발 더 나아가 ②나눠진 과제의 실행 초점을 오직 한 가지one focus로 모으게 한다. 실천 과제가 여러 가지라면 **중요한 것 한 가지**를 분냉하게 선택하게 한다. 또 과제를 행동 중심으로 전환하거나 행동으로 드러나도록 방침으로 구체화한다. 다음으로는 ③실천을 위한 방침 별로 첫 번째 발걸음을 확정한다. 고객에게

필요한 실천 과제를 필요한 만큼 세분해 각각 필요한 행동을 한 가지씩 설정하게 확인한다. 이를테면 프로젝트를 집필하기 위해 자료를 수집해야 한다면 인터넷 조사, 회사 자료실 방문, 관련자 인터뷰 등으로 나눈다. 필요하다면 이런 행동 사항도 환경과 맥락에 따라 더욱 **세분화된 첫 행동**을 확정한다. 다음으로는 장애물, 주저할 만한 우려 사항, 환경과 대상 등을 검토하고 확인해 ④실행하지 않으면 안 되는 자연스런 단계까지 충분히 무르익게 한다.question to get unstuck 반면에 코치는 고객이 수행할 것을 확인하면서도 이와 관련해 제안이 필요하더라도 자신의 아이디어에 어떠한 집착도 없어야 하며, ⑤전체 내용에서 10% 미만이 되어야 한다.

■ 실행 과제에 필요한 행동 설정을 위한 질문 예시

☐☐ Q. 지금까지 나온 다양한 선택 방안 가운데 자신에게 가장 적합한 것은 무엇인가요?
☐☐ Q. 그 방안을 선택하는 분명한 이유가 있다면 무엇인가요?
☐☐   SQ. 또 한 가지가/차선책이 있다면 무엇인가요?
☐☐   SQ. 지금까지 언급한 것 가운데 이번에 어떤 것을 선택하겠습니까?
☐☐ Q. 오직 한 가지를 선택한다면 무엇인가요?
☐☐ Q. 그 과제를 행동으로 시도한다면 무엇인가요?

☐☐　　SQ. 실천 과제와 그 행동이 분명히 일치하나요?
☐☐　Q. 그 실천 과제를 가능하게 하는 행동 방침은 무엇인가요?
☐☐　Q. 그 방침을 실현하는 첫 발짝은 무엇인가요?
☐☐　Q. 실천 과제를 가능하게 하는 첫 발걸음은 무엇인가요?
☐☐　Q. 지금도 그것이 분명한 실천 과제인가요?
☐☐　Q. 우리의 실천 행동을 불편해 할 사람이 있다면 누구인가요?
☐☐　Q. 당신의 시도를 정말 기다리는 사람이 있다면 누구인가요?
☐☐　Q. 혹시 제가 추가적 제안을 하나 해도 될까요?

**실행을 안 하는 고객은 너무나 많다.
실행이 실종된 코칭도 역시 많다.**

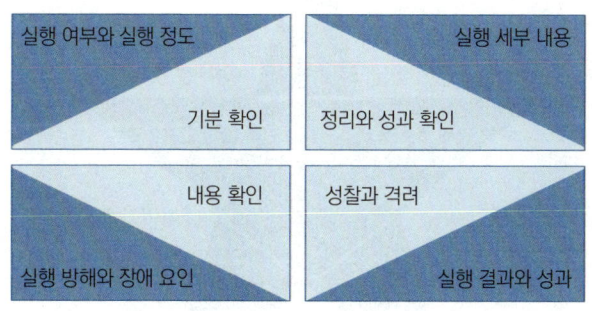

[그림 3.4] 고객의 실행 다루기와 대처 4분면

고객의 실행 유무와 결과는 다음 세션에서 충분히 다루어야 한다. 고객의 대부분은 실행을 열심히 하지 않는다. 심지어 실행이 실종된 코칭도 있다. 두 사람이 상호 적당한 선에서 실행 자체를 슬그머니 뒤로 미루고 '위대하고 좋은(?)' 성찰, 의미 있는 대화(?)만 의미 있다는 듯 나누는 코칭이다. 또는 두 사람의 공모이고 변화 전문가인 코치의 자기 합리화에 머무는 경우다. 코치는 [1]고객이 실행을 하지 않았거나 해 온 것을 확인하고 적당한 선에서 기분이나 감정을 확인한다. 물론 성실한 실행에 대해서는 [2]실행 세부 내용 정리와 성과를 확인한다. 또 [3]실행 중 알게 된 여러 가지 방해와 장애 요인에 대해서는 내용을 확인하고 파악하게 해야 한다. 마지막으로 [4]실행 결과와 함께 성과를 확인하고 성찰과 격려를 제공한다.

Performance Coaching 2014. KoganPage. 번역, 그림 김상복

[그림 3.5] 실행 과제 성찰을 위한 다섯 가지 방침

[그림 3.5]에서 보듯 코치는 고객의 실행 결과에 대해 ⓐ책임을 추궁하는 일은 있을 수 없다. 질문은 물론 표정과 목소리 톤에서도 비난과 죄책감, 좌절감을 갖게 해서는 결코 안 된다. 고객이 실행을 하지 않았거나 못할 수 있다. 또 빈약한 실행으로 성과가 부족할 수 있으며, 계획과 다르게 실행할 수 있다. 이와 관련한 고객의 태도는 변명을 하거나 저항의 하나로 다른 행동으로 대치하기도 한다. 또 막상 코치와 합의한 실행 계획이라도 우선순위가 낮아 형식적으로 처리하고, 보고는 화려하게 할 수 있다. 코치가 이를 무조건 이해하거나, 속아 준다고 생각하며 넘어 가거나, 미온적으로 대처할 경우 이런 현상은 반복되고 증폭될 수 있다. 또 코치의 주저함이나 불명확한 태도는 의도하지 않게 고객과 공모하는 상황으로 말려들게 한다.

코치는 실행 관련 상황과 내용을 살펴보며 ⓑ고객의 배움을 확인한다. 자신이 배운 것이 무엇이며 진정으로 발견한 새로운 통찰이 무엇인지 확인한다. 결과가 긍정적이든 부정적이든 **경험을 통한 배움**을 탐색하는 과정은 고객이 자신의 행동과 경험을 성찰하게 하며 실천의 힘을 강화한다.

코치는 실행 방안의 적절성과 새로운 배움, 통찰 등을 ⓒ전문적 관점에서 확인과 긍정적 인정validation and recognition, 피드백을 통해 고객이 도달한 성과를 높이 평가하고 새롭게 정리한다. ⓓ이는 오직 해결책에 초점solution focus을 맞추기 위한 것이다. 이런 섬세함은 실패에 연연하기보다는 앞으로 나아갈 돌파지점 break through point 을 찾기 위해 상황과 선택 방안을 재검토하는 기회를 준다.

마지막 방침으로는 이것이 결코 ⓒ코치의 책임이 아니라는 점이다. 자칫 경험이 많은 숙련 코치라도 자기 책임으로 돌리는 실수를 할 수 있다. 코치가 해결책을 제안하는 것보다 고객이 해결책을 발견하기 위해 애쓰는 것이 중요하다. 코치가 자기 책임으로 돌리는 실수는 코칭의 질에 영향을 미치며 고객은 압박감을 느낄 수 있다. 코치의 책임은 오로지 고객이 좀 더 분명하게 **생각할 수 있는 공간**을 만드는 것에 있다. 그래야 다음 단계로 해결책이 등장할 가능성이 커진다. 그래도 해결책에 도달하지 못했다는 것이 코치의 책임이거나 실패했다는 것을 의미하지는 않는다.

■ 실행 과제의 실행 성찰을 위한 질문

- ☐☐ Q. 우리가 검토했던 실행 과제를 두 번째 진행하지 못했는데 혹시 특별한 이유가 있나요?
- ☐☐ Q. 실천 결과를 보니 기분이 어떤가요?
- ☐☐ Q. 과제를 하는 대신 그런 일을 했군요. 그 일을 통해 얻은 성과는 무엇인가요?
- ☐☐ Q. 우리가 결정했던 실행 방안을 지금 다시 한 번 검토해볼까요?
- ☐☐ Q. 실행하지 못한 진짜 이유가 무엇인지 이야기해줄 수 있나요?

□□ Q. 실행을 검토하며 자신에 대해 배운 것이 있다면 무엇인가요?

□□ Q. 실행하지 않은 것이 어떤 결과/영향이 나타났나요?

□□ Q. 실행을 잘했다면 어떤 결과가 일어났을까요?

□□ Q. 이것을 하고 있었던 당시 당신은 어떤 느낌이었나요?

□□ Q. 이 과제 앞에는 무엇이 있을까요?

□□ Q. 그것을 하겠다고 약속할 준비가 되었나요?

□□ Q. 당신이 약속할 수 있는 것은 무엇인가요?

□□ Q. 해결 방법이 있었다면 무엇인가요?

부록: 실행 과제 행동 설계를 위한 코칭 대화

이 기록은 코칭 교육 현장에서 이루어진 시연 내용이다(날짜 생략). 국내 기업 주요 임원인 고객의 구체적 내용은 생략했으며, 본인의 검토와 허락을 받았다. 본 저서에 수록을 허락해 주신 것에 감사한다.

코치 1: 네, 반갑습니다. 변화와 실천을 위한 행동 설계가 오늘의 주제네요. 혹시 이것은 내 변화와 실천에 결정적으로 중요하다는 생각으로……. 이런 실천을 해야겠다고 생각한 것이 있다면 한 가지 이야기해주시겠습니까?

고객 1: 제가 일하는 조직 상황상 조직도상 그럴 수밖에 없다는 생각에 …… 너무 하단까지의 일에 관여하고, 하나도 놓치고 싶어하지 않다 보니, 제가 너무 부대끼는 것 같아요. 맡길 것은 맡기고, 위임 전결도 하면서 관여도를 조정해야 하지 않을까 하는 생각입니다.

코치 2: 그런 생각을 하셨군요. 그렇게 그동안 구체적 관여를 할 수밖에 없는 정말 중요한 이유가 있지 않았을까요?

고객 2: 그렇지요. 회사에서는 많은 개선을 요구하고 있는데 일할 사람은 없고……. 조직도에도 빈자리가 많습니다. 게다가 자고 일어나면 하나씩, 기막힌 사건과 사고가 터지는 실정이니 그런 걸 막고 대처하다 보니까…… 자다가 일어나서도 노트하거나 메모하는 상태이니 그렇게 하지 말아야지 해도 회사에 나가보면 말도 안 되는 일이 터져 있고, 해야 하는 일이 너무 많아서…….

코치 3: 네……. 그렇게 그럴 수밖에 없는 상황이고 일이라, 그렇게 대처해 왔는데……. 그걸 놔두고 뒤로 물러선다는 게 과연 가능하신가요?

고객 3: 그것도 하도 지지고 볶고 하는 상황을 한 2년 지내고 보니까, 오래되어서 그런지, 직원들도 본인들 스스로 알게 되고 깨닫기도 하니까, 그러니 이제부터는 여유를 좀 가져야 하겠다 그런 생각을 하게 된 거죠. (그렇군요)

코치 4: 그렇다면 그것이 그렇게 밀착해서 접촉하고 관여한 것의 성과인가요?

고객 4: 일종에 그렇게 볼 수도 있지요 부산물, 부작용은 다 제가 안고 역량 향상이나 배움 그런 건 직원들이 다 가지고 가는 그런 상황이 되겠지요.

코치 5: 궁금하네요. 정말 그래서 초래된 부작용은 정말 어떤 건가요?

고객 5: 제가 너무 관여를 많이 해서……? (네) 일시적인 거라는 믿음을 갖고 있어요. 십 년여 넘게 같이 일한 사람들도 처음에는 불편해 했을 거잖아요? 진정성을 갖고 대했다고 한다면 아무리 젊은 친구들이라도 결국은 시간이 가면 이해 할 거라고 생각했어요……. 이번에도 그럴 거라 생각하고 있지요. 제가 보기에도 눈에 띄게 좋아지기도 하고, 의도한 잘못이 아니라 잘못된 관행이 문제인 것도 있으니까요. 거의 이전에는 무정부 상황처럼 사고가 났어도 모두 모른 척하고, 나도 모르고 그래서 모두 모르는 것으로 넘어가고. 아주 중요한 거래처와의 관계가 틀어져도 모르게 되고, 위에서는 모르지요. 그런 일이 옛날에 있었으니까 직원들로서는 말 안 하는 게 좋은 거니까……. 그렇게 넘어갔지만……. 저는 이제 말을 해라, 그러니 문화적 차이도 있는 거지요.

코치 6: 우리가 코칭을 한 지 얼마 안 돼서 이런 말이 결례가 될 수 있지만, 저는 부사장님이 구체적으로 관여함으로 해서 초래된 부작용을 질문했는데 어떤 영웅담을 들은 기분입니다만……

고객 6: 아 그래요. 좀 더 구체적으로 관여하면서 초래된 부작용 …… (초래된 부작용) 관계 악화? 그런 게 부작용이 아닐까 …… 그런 생각이 드네요. 아까 말씀드렸던 모르고 넘어가면 되는데, 그것을 굳이 밝혀내니까 그런 걸 불편해 하니까 직원들이 …… (본인은?)

코치 7: 그렇다면 본인은 어땠는데요?

고객 7: 저도 힘들죠. 어떤 때는 이해가 안 되고 이것이 문화의 차이예요. 옛날 부사장 등은 모두 상관하지 않고, 편하게 있고 맛있는 거나 먹고 있지 왜 뭘 참견하느냐? 직원들이 그렇게 생각하고 있으니까. 저는 내가 왜 이래야 하는가……? 내가 월급 받는 이유가 있는데……. 저는 저대로 다르게 해야 한다는 생각이 들지요. 저는 부작용이란 …… 악화된 것은 제 생각으로는 아까 영화에서처럼 해피 …… 이런 스펠링, 이것이 틀렸으니 남들에게 틀렸다고 말하는 스타일……. 나는 말하는 스타일입니다. 그쪽에서는 뭣하러 …… 괜찮은데……. 하지만……. 전 그렇게 직접 잘못을 지적하고 대처하는 스타일입니다.

코치 8: 궁금한 게 생기는데요……. 그러니까 부사장님이 고高관여에서 저低관여로 바꾸겠다고 하는 본인 개인 만의 절실함이 무엇인가요?

고객 8: 시간이 없고(시간이 없고), 깊이 있게 못 들어 가고(깊이 있게 못 들어 가고)… 제가 말하는 것이 고관여에서 저관여는 모두에 대한 고관여에서 총량으로 저관여한다는 거죠. 어떤 사안별로 어떤 사안이 중요한 건지 직접 시범을 보이면서 그것은 직접 끌고, 어떤 것은 네가 직접 알아서 해라. 저는 보고하는 것도 제가 봐서 괜찮으면 네가 직접 보고해라, 그래야 네가 칭찬받고, 이 사람이 보고하면 큰일 날 것 같은 문제 있는 것은 제가 보고 합니다만 추려 가지고 전체를 다 직접 관장하기 보다는 선택적 고관여, 총량으로는 저관여하는 그런 것이지요.

코치 9: 그것이 부사장님의 변화를 위해 가장 중요한 행동인 이유는 무엇인가요?

고객 9: 그래야 제 시야가 좀 넓어지고, 공부를 할 수 있는 여유도 가질 수 있고요……. 자다가도 일어나서 자꾸 뭐를 하니까 그건 좋지 않잖아요. 어떤 때는 굉장히 분노가 크게 쌓이는 거에요. 회사에서는 표현할 수 없는 엄청난 분노에 휩싸이게 되니까.

코치 10: 제가 부사장님이 말씀하신 그 감정의 역동을 얼마나 공감할지 말씀드리기 힘들지만 그런 변화된 행동을 위해 구체적인 방침을 정한다면 어떤 것들이 있을까요?

고객 10: 나름대로 일단 제가 정리를 해봐야겠네요. 제 나름대로 다섯 가지 중요한 것을 나름 정리를 하고 있습니다만…….

코치 11: 또 다른 방침이 있다면?

고객 11: 중요한 것은 조직적 측면에서 중간 사람을 선정해서 공식적이지 않더라도, 이 사람을 통해서 이런 저런 것을 의사소통을 처리하게 하면 좋겠네요.

코치 12: 혹시……. 또 다른 방침이 있다면?

고객 12: 이런 계획을 회사 경영진과 이야기해 동의를 받아내는 것도 필요하 겠네요.

코치 13: 그렇다면 정리를 위한 행동의 첫 번째 행동이 있다면 무엇인가요?

고객 13: 전…… 노트에다 기록을 하는 습관이니까요……. 노트에 다 정리하니 까요. (노트를 보면서)

코치 14: 중간 거점, 공식적 비공식적 중간 관리할 사람을 선정한다면 어떤 첫 스텝이 필요한가요?

고객 14: 어떤 사람을 고정시키거나 주번처럼 한 달에 한 번 돌아가면서 커뮤 니케이션 전달자를 정한다든지…….

코치 15: 그러니까 첫 스텝…….

고객 15: 디자인을 하라는 거죠?

코치 16: 중간 사람이 어떤 사람인지, 역할을 먼저 디자인…….

고객 16: 네…….

코치 17: 경영진과 하는 첫 스텝은 무엇인가요?

고객 17: 수시로 이야기하는 스타일이니까요. 작은 것도 대체로 이야기해왔으니까요. 그동안에는 이야기하고, 구체적으로 이야기해왔거든요. 그랬는데 경영진의 사고 방식이 인사는 내가 한다는 이런 생각이, 저는 몰랐어요. 이해가 안 되었어요. 글로벌 조직에서는 그런 식으로 독단적으로 하지는 않았었거든요…… 이제는 이야기하면 되지요.

코치 18: 그런 커뮤니케이션에 특별한 난관은 없다? 그렇게 생각하시는 건가요?

고객 18: 난관이 생겨도 해야겠지요(오~~). 될 때까지…… (네, 난관이 생겨도 해야 할 스텝이다…….)

코치 19: 혹시 그런 세 가지 방침의 첫 스텝을 내딛는다는 것에 대한 기간을 가질 수 있나요?

고객 19: 제가 한 다음 주 안에는 해야겠지요. (아) 다음 주 안에 세 가지를 다 하지요.

코치 20: 저는 매우 시급한 행동 계획으로 생각했는데…… 다음 주라면…… 일주일이나 걸리나요?

고객 20: 일주일이면 시급한 것은 아니니까요.(아 그러시군요. 그런 리듬으로) 어짜피 경영진과 월요일에는 회의가 있으니까요. 어차피 늘 어느 일이 중요한지는 스스로도 언제나 정리해 있고, 매 주마다 회의체가 있는데요. 컨펌을 하면 되니까요. 중간자도 있었지만 최근에 발견한 건데 이 사람 때문에 커뮤니케이션이 악화 되는 것, 모든 이야기를 간단히 정리하고 특무상사가 정리하는 방식으로 정리하니까… 나는 상상도 못

제3장. GROW-candy 모델의 다양한 활용

했는데. 나중에 되짚어보니까 그렇더라고요. 그 중간자 때문에 고민 중인데… 다른 우회적인 소통방식도 찾아봐야지요.

코치 21: 부사장님이 할 수밖에 없는 그런 절실함이 느껴지네요…… 특무상 사라든지?

고객 21: 네…….

코치 22: 혹시 그렇게 해서 만들어진 여유가 있다면 그 여유 시간에는 무슨 일을 하시겠습니까?

고객 22: 네 제가 해야 할 공부도 있으니까요. 이런 저런 것을 다 뒤로 미뤄둔 것도 많으니까요. 읽을 책도 쌓여 있고..

코치 23: 우리가 더 이야기할 수 있겠지만……. 이 정도로 이야기를 마무리 짓고 싶은데요. 혹시 정리 멘트가 있으면 해주시겠습니까?

고객 23: 본 건에 대해 여러 번 고민했었는데, 이런 것은 나 혼자만 변한다고 해결될 수 있는 것도 아니고……, 코치님 덕분에 주변 상황이 변화한 것이…… 도미노처럼 변화의 기류가 확산되고 있으니까요.

코치 24: 저에게 큰 격려를 주시는 걸로 알겠습니다.

부록: 실행 과제 성찰을 위한 코칭 대화

이 기록은 코칭 교육 현장에서 이루어진 시연 내용이다(날짜 생략). 국내 기업 주요 중간 관리자인 고객의 구체적 내용은 생략했으며, 본인의 검토와 승락을 받았다. 본 저서에 수록을 허락해주신 것에 감사한다.

코치 1: 지난 세션이 끝난 이후 어떤 일이 있었나요?

고객 1: 너무 바빴어요. 음 …… 발표가 갑자기 주어진 것이 있고, 집에서 아이가 약간 트러블, 젖병을 못 떼서 그것으로 연쇄된 부작용이 있어요……. 아예 아무것도 안 먹으니까, 아이보다도 아이를 키우는 할머니 할아버지가 극심한 스트레스 상황이라 주말에 들어가 아이를 전담 마크 해야 해서 …… 몹시 피곤했어요…….

코치 2: 우리가 2회째 실행 과제가 부실하고 …… 빈약한데 …… 먼저 기분이 어떠세요? 이렇게 실행이 지체된 …… 것에 대한 기분이…….

고객 2: 일단 저는 원래 숙제를 안 하는 성격은 아닌데……. 약간 모범생 스타일입니다만 핑계 아닌 핑계 거리인지는 몰라도 우선 순위가 밀리다보니 먼저 이번 세션을 연기할까도 생각했어요, 부담때문에…. 분명 코치님이 이야기할 것 같아서……. (아, 그렇구나)

코치 3: 제가 그렇게 연기를 고려할 만큼 부담을 주었군요……. (그건 아니고요) 제가 반성을 좀 해야 …… 뭐 안 해올 수도 있지 않나요?

고객 3: 그게 되게 찝찝하더라고요. 생각은 났어요. 주중에 이거 이거 하기로

했지……. 그렇지만 우선순위에 밀리는 불편함……. 숙제를 안 한다는 것을 주중에 생각은 했어요…….

코치 4: 그런 불편함이라든지 그런 낯선 행동을 통해서 자신에 대해 발견한 것이 있다면 무엇인가요?

고객 4: 일단 나는 뭐 하겠다고 하면 하는 게 편안한 사람이구나, 즉시 하는 게 편한 사람이구나. 차라리 몸이 불편한 게 낫지, 그 찝찝한 마음으로 하루 이틀 가는 게 더 불편하다……. (그래요?) 하는 게 좋겠다. 근데 2주간이나 안 했네요. ㅎㅎㅎㅎ

코치 5: 그런 찝찝함을 느꼈다면 옛날에도 과거에도 그런 일처럼 찝찝했던 일이 있지 않았나요?

고객 5: 근데 그것이 약간 다르게…… 코칭은 내가 음…… 주도적으로 해보겠다. 행동 설계까지 실천 계획을 내가 짠 거였다면 기존의 불편함은 선생님이 이렇게 하자고 준 것을 내가 안 한 것이었다면 혼나는…… 그런 느낌이었다면 코칭은 내가 하기로 한 것을 내가 안 한 거니까 (오~ 그래요?) 찝찝함은 나 스스로 내가 한 약속을 안 한거니까 다르지요…….

코치 6: 그럼 불편한 나에 대해 어떻게 위로했나요?

고객 6: 지금 상황에서는 이것은 어쩔 수 없다. 이번 주 지난주는 어쩔 수 없다. 물리적 한계였다. (물리적 한계) 네.

코치 7: 물리적 한계였다. 그런 한계 속에서 이렇게 한 것은 나름대로…… (최선을 다했다. 최선은 아니지만 나름대로 현장에 최선을 다했다……) 현장에?

고객 7: 지난 주 실천 계획을 짰던 게…… 지난 주까지 내가 코칭이 조금 정체기였지만…….

코치 8: 현장에 최선을 다 했다.

고객 8: 네. 고객과 시간을 늘려보겠다. 계획을 세웠는데 실제 아직 못 하고 코칭 이외의 나의 삶에 충실했다. (충실했다.)

코치 9: 그러니 또 다른 것에 충실했다……. 해야 할 것에 최선을 다 하지 못 했지만 또 다른 것에 최선을 다 했다 그런 건가요?

고객 9: 이것이 어떤 측면인가 하면. 내가 자기 개발하는 게, 그것은 내게는 중요하고 내게는 매우 우선순위가 높은데, 회사 동료들이 볼 때는 남은 시간에 할 수 있는 것……. 이것은 MUST는 아니잖아. 너에게 우선순위가 아니잖아 그러니 그런 것은 짬을 내서 하는 것이잖아 …… 라는 (아, 그렇군요) 그런 시각들이 있어서, 그런 것들이 나를 힘들게 했어요……. 저는 다 잘할 수 없고 또 다 중요한 것은 꼭 아니지만 저는 공부하는 것도 중요한데 그런 여러 가지 상황을 신경쓰다 보니까. 불편함이 느껴졌어요.

코치 10: 내가 이야기하고 싶은 것는 다른 사람이 주장하는 우선순위에 맞춰보는 …… 그런 낯선 행동을 한 것 같은? 그런 …… 이야기로 들리는

데 …… 맞나요?

고객 10: 네……. 약간 그렇지요.

코치 11: 혹시 그것도 나름대로 의미가 있는 건 아닌가요?

고객 11: 네. 의미 있었어요. 내 중심적인 삶을 살아간다. 가끔 그런 생각을 할 때도 있었는데. 그런 게 아니라……. 본업 부업은 아니지만……. 본업에 맞게 시간을 쓰면서 생활해보니까. 원래 이렇게 하는 게 맞나 하는 …… (그렇군요……) 그런 생각도 들었어요.

코치 12: 네. 매우 기대가 되네요. 해야 할 것에 대해서는 최선을 다 안 했지만 또 다른 것에 최선을 다하는……. 내 우선순위도 중요하지만……. 다른 우선순위에도 귀 기울여 보는……. 마치 의미가 없으면 안 될 듯한 의미 있는 행보로 느껴지는데…….

고객 12: 음 …… 아 …… 그리고……. 저는 작은 행동을 했는데 가족들, 특히 주변 사람들……. 갑각류 아빠를 비롯하여 …… 네가 코칭 좀 하더니 …… 조금 바뀌었냐 그러더라고요. 그런 말을 왜 들었냐 하면은 제가 한 가지 생각, 코칭 공부하면서 계획한 것이기도 한데 시간을 효율적으로 쓰자 해서…… 특히 육아와 관련해서는 시간을 밀도 있게 쓰자 해서 주말에는 정말 몰입해서 쓰는데 그중 하나를 보고 나름 갑각류 아빠가 칭찬 같은 칭찬을 한다거나……. 그래서…….

코치 13: 네, 그렇군요……. 네……. 정말 …… 최근에 벌어지는 그 상황을 …… 씹고 씹고 씹으면서 본인 나름대로 여러 가지 깊은 의미가 찾아

지길 기대하겠습니다.

고객 13: 네.

코치 14: 제가 워킹맘 엄마에게 …… 이런 질문이 잔인할 것 같아 주저됩니다만……. 용기를 내서 질문하고 싶은데. 아이가 젖꼭지를 안 떼고 지금 할머니 할아버지 힘들게 하고 엄마가 붙어 있게 했다면 그가 지금 무슨 말을 하고 있는 거죠?

고객 14: 음. 그래서 그것 때문에 생각이 많아졌던 것이고 …… 아이 행동이 할머니 할아버지에게 무조건 해달라고 하다가 내가 막상 시간을 보내니까 …… 순응하더라고요. 그냥 시간을 보내고 싶다는 그런 시그널을 이렇게 하는 건가 하는 그런 생각이 들게 했어요.

코치 15: 네……. 그렇군요……. 감사합니다. 그런 아이와 그렇게 음조를 맞춰 보내는 …… 그 시간이 어떠했어요?

고객 15: 아주 좋았어요. 제가 좋아하는 행동보다 아이 행동이 더 신나하고 저보다 더 드라마틱한 감정을 보이니까……. 이렇게 좋아하는데……. 내가 그동안 …… 너무 …… 내 중심이었나, 내가 너무 무심한가 하는……. 워킹맘 죄책감 1순위가 그것인데요. 죄책감으로 살자 그런 건 아니지만 음……. 어쨌든 시간을 더 쓰는 건 맞겠다는 생각 …… 이 들었어요.

코치 16: 네……. 우리가 과제를 못했지만 과제를 포기하고 그런 자신의 의미 있는 탐색을 얻은 생활에 깊은 지지를 보내고 싶군요.

고객 16: 네……. 감사합니다. ㅎㅎㅎ

코치 17: 지금까지 나눈 대화를 바탕으로 다시 못 했던 과제를 바라본다면 그 과제는 과장님에게 어떤 의미였나요?

고객 17: 코치님에게도 말씀드렸었는데……. 어쨌든 공부가 끝나니 조금 불안한 거예요. 오랫동안 저도 큰 맘 먹고 시작했는데……. 끝나가는 상황에 나는 어떤 계단을 올라갔나 하는 의문도 들고. 자신 있는 상황이 아니라는 생각이 들어서 이럴 때 박차를 가하자는 생각에 과제를 정한 것이었는데……. 그래서 내겐 매우 중요한 의미지요. 실전 고객과의 시간을 늘려보겠다고 하는 것은 실제 배운 것을 적용해 보는 것이니까……. 내게는 중요한 의미지요.

코치 18: 중요한 의미 …… 군요. 이 세상은 모두 의미로 이루어졌으니까. 이 의미를 만져보고, 저 의미를 만져보는 그런 시간이 아니었을까……. 우리가 이런 의미 있는 경험을 바탕으로 앞으로 실행과제를 짠다면 어떤 의미가 있을까요?

고객 18: …… 우리가 밸런스 휠 하잖아요, 워크시트로도 쓰지만, 내 실행 계획을 수립할 때 내 기준만으로 짜는 것이 아니라 나를 둘러싼 환경, 주변의 인물들, 상황을 고려해서 좀 더 시야를 넓혀서 관점을 넓혀서 과제를 짜야겠다. 그래야 할 수 있지 않을까…….

코치 19: 그때 그것을 배우는 프로그램에서는 뭐라 표현되어 있나요.

고객 19: 그렇게 질문하시니까 조금 당황스럽네요.

코치 20: 만약 그냥 그것을 내가 표현한다면……. 내가 책을 쓰고 있다면 그것을 어떻게 표현하시겠어요?

고객 20: 다양한 관점으로 실행 과제 다루기

코치 21: 네……. 좋군요. 저는 이런 반성을 해봅니다. 우리의 실행 과제가 고객님의 삶의 생태에 맞았을까, 그것이 본인의 당면 과제와 학습을 소화하는, 배움의 방식과 과연 맞았을까? 저의 많은 부족함을 느끼는…….

고객 21: 아니 …… 어찌 보면 지난주 지지난 주는 특별한 상황이라, 그런 상황이 벌어진 것일 수 있는데, 더 드라마틱한 상황이고 저도 2주 동안 제 과제를 못하고……. 제 삶에 조금 더 충실했다는 점에서 돌아 본다면 저도 너무 단편적인 관점에서 실행 계획을 짜지 않았나 하는 생각입니다. (네, 그렇군요)

코치 22: 지금 우리가 나누는 이 실행 과제를 논의하는 시간이 우리에게 매우 중요한 것 같고, 남은 코칭 회기에도 소중하게 간직해야 하지 않을까 합니다. (네……) 시간이 남긴 했지만 여기까지 대화하면서 새롭게 정리되는 생각이 있다면……?

고객 22: 음……. 일단 코칭에 임하는 자세를 생각해봤고요. 그것을 아까 처음에 안 해서 조금 불편했다고 말씀드렸지만……. 이것을 …… 부담이 없으면 안된다고 생각하고, 정말 해야겠다는 생각을 중심으로 실행 계획을 세우는 게 중요하다는 생각이고요. 그러나 압박으로 느껴져서는 안 된다. 해볼 수 있는 과제를 도출해서 실행 계획을 세우는 게 좋겠다는 관점에서 주변도 같이 돌아볼 수 있는 그런 상황에서 설계가 되었으면 좋겠다. 그런 생각.

코치 23: 네……. 저는 우리에게 '적절한 한 모금'은 무엇이었을까 하는 그런 단어가 떠오릅니다. 이런 정도로 마쳤으면 하는데…….
고객 23: 네, 감사합니다.

3. 자원 탐색과 잠재력 실현

고객이 자신의 자원과 잠재력을 다시 살펴보고 이를 실현할 수 있게 지원하는 노력은 코치 고유한 임무이고 전문 영역이다. 이는 코칭 탄생부터 지녔던 유전적 특성이다. 현대 코칭은 1960년대 인간 잠재력 회복을 위한 사회 문화 운동을 배경으로 한 사회운동의 산물이다(Vikki G. Brock, PhD. 2014; J. Thomas Tkach & Joel A. DiGirolamo, 2017). 이 운동은 국가-사회 수준의 새로운 패러다임 전환 new paradigm shift 과 대비되는 새로운 인간 new man 에 주목하고, 억압적 문화 환경에서 비롯된 성장 환경에 대항해 본연의 인간성과 잠재력 회복을 주장한다.

  기존 삶의 패턴에서 벗어나 새로운 삶을 추구하는 반문화 counter-culture 공동체 운동, 종교-비종교 영성 운동, 비폭력 저항 운동 등 여러 갈래의 다양한 흐름이 있었지만 그 가운데 한 흐름이 인간 잠재력 회복운동이다. 새로운 삶, 자기 역량을 발휘하고 자기 잠재력에 주목하는 행동적 탐색이 독립적인 물줄기를 형성했으며 그 흐름의 연장선에서 코칭이 형성되었다.

인간 잠재력 회복운동의 흐름과 '대규모 집단 자각large group awareness training, LGAT[1]' 프로그램의 경험과 방법론은 스포츠 코치, 리더십 개발 전문가, 의료보험 제도 틀 안에서 치료에 국한된 활동에 문제의식을 갖고 있던 심리 치료사들의 협업으로 오늘날의 코칭으로 구체화되었다. 이 흐름에 함께 했던 토마스 레너드는 상담 및 심리치료와 같은 일대 일, 두 사람 관계에 적용 가능한 독립 분야로 라이프 코칭을 정립하기 위해 노력해왔다.

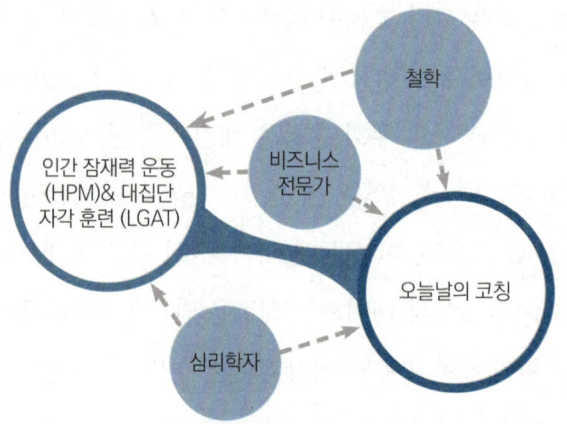

출처: J. Thomas Tkach & Joel A. DiGirolamo (2017) The state and future of coaching supervision. International Coaching Psychology Review ǀ Vol. 12 No. 1 March 2017

[그림 3.6] 오늘날 코칭의 근원

---

[1] 자기인식을 증진시키고 개인의 삶에 긍정적 결과를 가져오도록 고안된 프로그램으로, 로저스, 메슬로 펄스는 치료센타인 에살렌을 방문하여 많은 사람들에게 유용한 심리학적 원리를 만드는 데에 직접 관여했다(Vikki G. Brock, 2015. P20).

코칭은 한 인간이 자신이 가진 잠재력을 스스로 충분히 발휘하고 개발development하는 것, 이를 위해 자신의 주어진 조건에 적극 대처하고, 성장과 발전을 위한 기회를 최대한 활용하는 것이 목표다. 있을 수 있는 실패나 좌절에 연연할 것이 아니라, 이를 극복하기 위한 방법을 주체적으로 찾는 것이라는 점에서 히포크라테스에 기원을 둔 의학적 모델이 아니라 성찰과 자기 강화를 위한 소크라테스의 **철학적 모델**에 가깝다. 인간의 발달과 성숙을 주목하고 이를 위해 너와 내가 함께 협력하고 진정한 소통과 일치를 추구한다는 점에서 심리치료가 개인의 자기 완성과 수양, 만족을 추구하는 호메로스의 **시적 모델**이기보다는 관계 성찰과 작동을 중시하는 마틴 부버의 **관계 모델**에 가깝다(Nancy McWilliams, 2007)면 코칭은 이를 모두 포괄한다.

당연히 현대 코칭은 [1]생애 전략 수립과 [2]삶의 기술 개발을 통한 생활의 질을 관리하고, [3]갖고 있는 경력과 자원을 재조직하기, [4]활용을 유보해 둔 자원 개발과 잠재 역량 발굴 등이 중심 과제이다. 코치는 이점을 다루려고 해야 한다. 코칭은 고객이 직면한 문제 해결과 성과 향상, 변화와 성장이라는 선형적 발전에만 머물지 않는다. 새로운 삶을 구성하고, 자기 세계를 만들어 가는, 사기만의 새로운 세계를 함께 만들어 가는 여정이며, 비 선형적 경로를 환영한다. 자신의 인간-됨을 지향하는 성숙 관리 모델이다. 이는 곧 인간에게 고유한 **진실 추구 욕망**의 실현을 지원한다.

> 가장 밑에 있었던 진흙이 도자기를 빚는 최상의 흙이다.
> – 스파르타쿠스

GROW-candy 대화 모델의 현실 점검 단계는 자원 개발 단계와 한 쌍을 이룬다. 코치는 자원 발굴의 관점에서 현실을 점검하고, 지금 직면한 '현실'을 살피고 활용할 자원을 발견하는 데 초점을 맞춘다. 현실 점검을 위한 대화는 자연스럽게 '현실 점검 ↔ 자원 탐색 ↔ 차이점 확인' 등으로 순환한다. 이는 고객과 현실 점검, 자원 개발 어느 한쪽에서 대화를 시작하더라도 마찬가지다. 고객이 이루려 하는 목표가 확정된 후 대화는 고객이 (과거) 현실에서 다룬 경험과 방법, 마음 먹고 있었지만 해보지 못했던 시도에 대해 탐색 질문을 하게 된다. 이 과정은 곧 고객이 자신의 자원을 **재탐색**하는 과정이다.

설정한 목표나 과제를 이미 실행해왔거나, 오래 생각해온 이른바 '숙고熟考해온 주제'라면 응당 코치는 이 성과와 한계를 먼저 정리하기를 요청한다. 이 과정에서 한 발 더 들어가는 것이 바로 자원 발굴 대화이다. 고객이 코칭 대화를 하기 전까지 살아온 경험과 직면한 현실reality에는 고객이 갖고 있는 나름의 자원resource이 있다. ①시도해온 경험은 물론 ②좌절된 시도, ③시도해 보지 못한 억압된

욕구와 욕망, ④주변의 박해와 반대 속에서도 고난을 겪으며 지켜온 열정passion 조차 바로 자원이다. 열정을 나타내는 단어 Passion에 박해와 고난의 의미가 함께 있는 것도 의미심장하다. 포기 할 수밖에 없었던 것, 홀로 하고자 했던 것, 가장 깊이 묻어둔 것, 그중 가장 밑에 있었던 진흙이 도자기를 빚어내는 **최상의 흙**이다. 그렇지만 그것은 장인의 손과 발로 직접 빚어야 진정 귀한 것이 된다.

소원 속에서 가치를 찾고 경험 속에서 방법을 찾는다.

고객은 자기 문제 전문가이다 결정 사항에 대한 최고, 최후 의사결정권자이다. 코치는 '고객의 소원 속에서 가치를 찾고 고객의 경험 속에서 방법을 찾는다'(김상복, 2017). 이 슬로건은 코치가 고객의 현실 경험에 근거하도록 하는 의미이지만 달리 보면 자원 개발을 강조하는 권고이기도 하다. 바로 고객의 몸과 삶 안에 축적되어 있는 (과거와 현재) 경험이 고객의 자원이며, 이 안에서 고객이 향후 앞으로 나아갈 수 있는 모든 동력, 자원이 있다는 관점이다. 그에게 맞는 해결 방법도 담겨 있다는 믿음이다. ①고객이 품어온 '소원'에 근거해 선택과 판단을 할 수 있는 가치(기준)를 발견하도록 지지, 지원하며 함께 탐색할 때 그것이 진정 고객에게 소중한 것이 된다. ②이것을 코치와 다시 다듬고, 정의 내리고 종합하는 과정이 바로 '일대일 맞춤' 과정이며 코칭의 중요한 특성이다. ③고객의 경험은 찾아 다듬을 수 있는 방법, 방도方道의 보물창고이다. 자기 경험에서 배우지 않으면 우리는 과연 어디서 배울 수 있겠는가? ④실행 방향 역시 끊임없이 수정하고 조정하고 상황과 여건에 따라 속도를 조절한다. 섬세하고 유연한 힘과 소원과 경험에 근거해 가치와 방법을 설계할 때만이 가능한 일이다.

자원 발굴 작업의 시작은 대체로 고객의 실행 과제의 성공과 실패에 대한 탐색으로 시작한다. 과거 고객이 이룬 **성공**이 있다면 '**새로운 정의**'를 내리도록 한다. 똑같은 방법으로 두 번 성공하는 경우는 없기 때문이다. 과거 성공이 제2의 성공을 위해 장애가 될 수 있다. 또 환경이 변화했는데 과거 방식과 같은 대응을 반복하는 낭비를 방지할 수 있다.

고객의 숨겨둔 실패 역시 마찬가지다. 이를 다시 살펴서 도전의 밑거름이 되게 해야 한다. **실패**에서 찾은 **교훈**에는 그만의 숨겨진 보물이 있기 마련이다. '실패는 없다 피드백만 있을 뿐이다', '성공의 반대는 실패가 아니라 포기다' 등과 같은 광고 문구도 다 같은 의미다. 실패를 묵혀 발효하면 지혜가 되지만, 방치하면 부패하여 병이 된다. 지금은 절망 상황에 빠져 있다 할지라도 과거에는 자기만의 최고의 순간, 최선의 모습을 갖고 있기 마련이다. 그렇지 않다면 그 고객이 지금 코치 앞에 앉아 있을 수 있겠는가.

현실 점검=자원 개발을 위해 성공과 실패를 다룬다면 다음 4분면을 활용하여 질문을 만들 수 있다. 이때 모든 질문은 코칭 대화를 나누는 '지금'에 서서 응답하게 질문한다.

**실패를 묵혀 발효하면 지혜가 되지만,
부패하게 방치하면 병이 된다.**

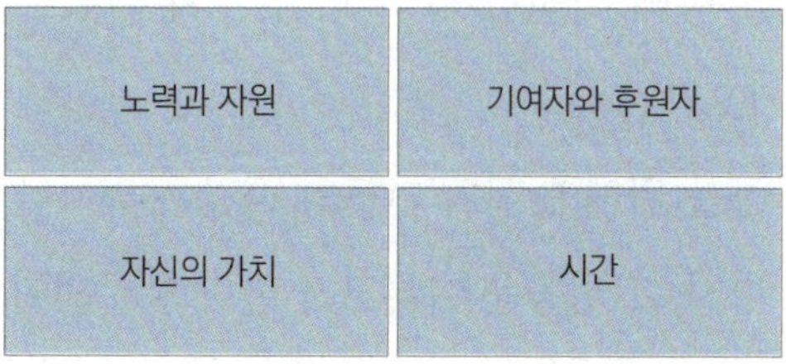

노력과 자원	기여자와 후원자
자신의 가치	시간

[그림 3.7] 성공 경험 재정의 4분면

■ 성공 경험을 새롭게 정의 내리기 위한 질문

☐☐ Q. 지금 살펴볼 때 말씀하시는 성공 이야기의 가장 중요한 핵심은 무엇인가요?

☐☐ Q. 지금 그 성공을 위해 스스로 활용했던 자원은 어떤 것이 있나요?

☐☐   SQ. 두 번째 자원은 무엇인가요?

☐☐ Q. 성공을 위해 나름대로 기울였던 노력을 이야기해주겠습니까?

☐☐   SQ. 그에 대한 강의를 요청받았습니다. 가장 감동적으로

설명할 수 있는 것은 무엇인가요?

☐☐ Q. 그 성공을 위해 결코 잊을 수 없는 기여자/후원자가 있다면 누구였나요?

☐☐   SQ. 그가 당신에게 제공한 것은 무엇이었나요?

☐☐ Q. 지금 와서 보니 성공을 위한 최우선순위/판단의 기준은 무엇인가요?

☐☐ Q. 성공을 통해 확신하게/얻게 된 가치 키워드가 있다면 무엇인가요?

☐☐ Q. 그 성공을 위해 당신이 기울인 시간은 얼마나 걸렸나요?

☐☐ Q. 지금 다시 그 성공을 이루고자 한다면 무엇이 더 추가되어야 할까요?

☐☐ Q. 당신의 성공 요인이 무엇인지 다시 한 번 정의 내려주시겠습니까?

☐☐ Q. 새롭게 시도하는 자녀에게 당신의 성공을 이야기한다면 무엇을 더 이야기하겠습니까?

☐☐ Q. 당신의 성공을 다시 검토하면서 새롭게 얻은 것은 무엇인가요?

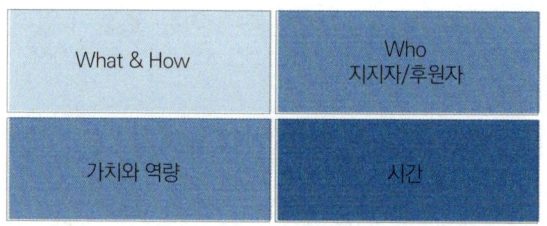

[그림 3.8] 실패와 고난 점검 4분면

■ 실패와 고난을 점검하기 위한 질문

☐☐ Q. 지금 다시 살펴볼 때 당신의 실패는 무엇이었나요?

☐☐ Q. 당신이 실패라고 주장하는 점은 어떤 점인가요?

☐☐ Q. 실패해서 낙담에 빠져 있을 때 당신 옆에 있었던 사람은 누구였나요?

☐☐   SQ. 그가 당신에게 제공한 것은 무엇입니까?

☐☐ Q. 실패를 통해 얻은 가치가 있다면?

☐☐ Q. 어떤 가치와 신념이 당신을 실패로 이끌었다고 생각하나요?

☐☐ Q. 혹시 실패의 경험을 통해 달라진 점이 있다면 무엇인가요?

☐☐ Q. 실패의 긴 터널이었네요. 터널의 출구까지 견딜 수 있었던 비결은 무엇인가요?

☐☐ Q. 실패와 고난의 순간에도 절대 놓치지 않고 들고 있었던 것은 무엇인가요?

☐☐ Q. 얼마나 오랫동안 그 실패에 머물러 있었나요?

☐☐ Q. 그 실패를 그렇게 오랫동안 들고 있는 이유는 무엇인가요?

제3장. GROW-candy 모델의 다양한 활용

☐☐ Q. 지금 생각해볼 때 실패를 통해 얻은 교훈이 있다면 무엇인 가요?

☐☐ Q. 지금 이것이 당신에게 몇 번째 실패인가요?

고객은 ①알고 있었지만 타인에게 인정받지 못했거나 부정당한 경험 때문에 잊고 있거나 주저하고 있을 수 있다. 그렇지만 ②지금 현재 세션에서 코치가 제공한 질문을 통해 다시 보면 새로운 것을 발견할 수 있다. ③특별히 개인적인 이유나 어려움 때문에 숨겨둔 것이기에 필요한 순간과 장소에 맞게 드러내지 못하는 **즉시 활용하지 못한 형태**일 수 있다. ④아직 가공되지 않은 **원석의 형태**이거나 다른 것 속에 섞여 있어 발굴과 제련 과정이 필요한 것일 수 있다.

■ 고객의 현실 점검과 자원 개발을 위한 질문

☐☐ Q. 목표 달성을 위해 자신에게 특별히 필요한 것/준비할 것 은 무엇인가?

☐☐ Q. 목표 달성을 위해 어떤 정보를 더 검토해야 한다고 보는가?

☐☐ Q. 목표 달성을 위해 갖고 있는 것 중 버려야 할 것이 있다면 무엇인가?

☐☐ Q. 자신이 갖고 있는 지식이나 역량 중 활용할 수 있는 것은 무엇인가?

☐☐ Q. 새로운 목표를 위해 추가할 행동(방식)이 있다면 무엇인가?
　　Q. 새로운 목표를 위해 하지 말아야 할 행동이 있다면 무엇인가?
☐☐ Q. 하려고 하면서도 실행할 수 없는 것이 있다면 무엇인가?
　　Q. 지금 당장 할 수 있는 것은 무엇인가?
☐☐ Q. 어떤 준비를 하면 그 일을 만족스럽게 할 수 있는가?
　　Q. 모든 것을 다 버려야 한다고 해도 뒤로 돌아서 꼭 갖고 가
☐☐ 　야 할 신념/가치는 무엇인가?
　　Q. 새로운 환경에 걸맞게 자신이 바꿔야 할 신념/가치가 있
　　　다면 무엇인가?
　　Q. 자신이 갖고 있는 신념으로 인해 갈등이 일어나고 있는 것
　　　이 있다면 무엇인가?
　　Q. 목표 달성이 당신에게 주는 의미는 무엇인가?

자원 탐색의 세 영역 HBD

자원 탐색을 위해 탐험하려면 다음 세 가지 영역을 주목한다. 이른바 **갖고 있는 것**havingness으로 경력과 자격은 물론 역량, 잠재력에서 시작해, 갖고 싶거나 유보해 둔 계획이나 욕구까지 확대한다. **존재조건**beingness으로는 자기감이나 자존감은 물론 자신의 정체성 재확인과 향후 비전 설계를 포함한다. 나머지 한 가지는 행동 패턴뿐만 아니라, 현재 **하고 있거나 하고 싶은 것**doingness을 확대하는 것이다.

having-being-doing 용어와 용어가 주는 세부 영역은 코치에게는 익숙한 내용이다. 전통적으로 사용해온 이 용어에 대한 개념 정리나 기원에 관한 언급은 다음 기회로 미룬다.

코치 스즈키 요시유키(コーチ・エ, 2008)는 고객의 목표 달성을 위해 코치가 가져야 할 관점으로 위와 비슷하게 세 가지를 든다. 고객이 보유하고 있는 것possession, 행동behavior, 삶의 태도로서의 프레즌스presence 등이다. 코치는 이 세 영역에 대해 고객을 사전에 파악하고, 필요한 질문을 통해 새롭게 개발하거나 재조정하는 방식으로 자원에 대한 인식을 높인다. 보유한 것을 탐색하면서는 더 추가로 지녀야 할 것은 무엇인지, 경력, 경험, 지식, 인맥, 습관 등을 자세히 조사한다. 행동과 관련해서는 현재 고객이 행동을 통해 봉착해 있는 지점, 어떤 행동 패턴과 특징을 갖고 있는가와 목표 달성을 위해 어떻게 더 개발해야 하는가에 초점을 맞춰 살펴보고 고객과 대화한다. 마지막 삶의 태도, 프레즌스는 당연히 고객이 갖고 있는 신념, 가치관, 견해 등을 말한다. 코치는 고객의 현실을 점검하고 자원 개발의 관점에 서서 새로운 태도와 정체성 개발을 고객과 대화한다.

강점과 장점은 물론이고 사람(인맥), 정보, 시간 역시 고객의 자원이다. 고객의 성장 과제와 연관된 어려운 조건에서만 자원을 탐색하는 것이 아니다. 고객이 손쉽게 하는 과제에 대해서도 다른 관점에서 새로운 자원을 탐색하는 눈돌림이 필요하다. 코치가 두루 두루 살펴 질문을 던질 때 고객의 자원 탐사가 깊어진다. **좀 더 깊은 곳에 더 순도 높은 보물**이 감춰져 있을 수 있기 때문이며, 지금-여기에서 코치와 함께 그 곳에 빛을 비추지 않으면 그 고객은 그 자원을 발견할 기회를 영원히 잃어버릴 수 있다.

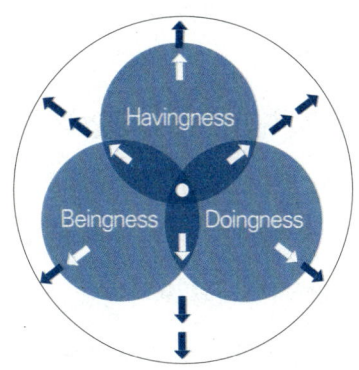

[그림 3.9] 고객 자원 발굴을 위한 세 영역

코칭 대화 과정은 이미 있는 지식을 고객이 인수하는 티칭teaching 과는 다르다는 점을 잊지 말아야 한다. [그림 3.9]와 같이 **코칭은 밖에서 안으로 채우는 것이 아니라 그 안에 있는 것을 꺼내는 것이** 다. 코치는 자기 문제 전문가인 고객을 만나 **고객의 자원을 찾아 밖으로 끌어 내는 전문가**여야 한다. 고객은 스스로 자원 탐사를 하며 자기(능력)를 발견하는 경이로움을 맛보실 언제나 기대하고 있다.

고객이 스스로 ①다시 살펴보게 하고, ②다른 각도에서 보게 하고, ③세심하게 들춰보게 해야 한다. 선생에게 무엇인가 가르침을 받아

먹기보다는 ④자신에게 스며들고 물드는 것을 알아차리면 스스로 슬그머니 움직이기 마련이다.

누구든 자신이 갖고 있는 모든 잠재 능력을 지금 이 순간 필요할 때 현실 역량으로 실현하는 데에는 여러 가지 어려움이 있다. 코치는 격려encouragement와 인정과 승인acknowledgement, 관점 전환을 통해 잠재 역량을 현실 역량으로 동원할 수 있게 응원한다. 바로 이런 순간을 함께 해 목격하고, 변화를 증언하는 이가 바로 **목격자/증언자로서의 코치**이다. 코치가 고객의 과거로 함께 여행하는 가장 중요한 이유 역시 오직 고객의 숨겨진 자원, 보물 탐사가 필요하기 때문이다. 곧 **고고학자로서의 코치**이다. 고객이 넘기 힘든 언덕에 멈춰 있거나 내딛고자 하는 발걸음을 주저할 때도 마찬가지이다. 앞으로 내딛거나, 한 계단 올라가서, 다시 과거를 보면 과거의 것이 전혀 다른 것으로 보인다. 그러나 모든 변화가 그러하듯 지금 이 순간, 현실을 딛고 서지 않으면 그 어떠한 발도 내딛을 수 없다. 이런 점에서 잠재 역량과 현실 역량, 현실과 자원은 코치에게 있어서는 **동전의 양면**이다.

고객의 ①자원에 근거하고 숨겨진 잠재력에 주목하는 일, 그렇지만 ②이를 꺼내거나 장애물을 뛰어 넘기 위해 현재를 인식하고 발판으로 굳게 서는 일, ③변화와 도약을 하는 순간에 목격하고 증언하는 일, ④가던 길을 쉬거나 멈추고자 할 때 옆에서 함께 기다려 주는 일. 코치는 이런 일을 하며 산다.

■ 자원 개발을 위한 다양한 질문의 예시

☐☐ Q. 자신의 역량 보물창고인 자원이 매장된 곳은 어디인가요?

☐☐ Q. 남들이 말하는 강점과 장점 말고 자신이 주장하는 강점과 장점은 무엇인가요?

☐☐ Q. 남들은 어찌 말할지 몰라도 자신이 스스로 강조하는 장점은 무엇인가요?

☐☐   SQ. 혹시 그 장점이 너무 흘러넘쳐 남들이 불편하다고 생각한 적이 있다면 어떤 상황인가요?

☐☐ Q. 스스로 만족해 숨겨 두고 싶었던 순간은 어떤 순간이었나요?

☐☐   SQ. 그때는 어떤 사람인가요?

☐☐ Q. 올림픽에서 금메달을 시상하는 장면을 보며 자신에게 떠오르는 자기 모습을 이야기한다면?

☐☐ Q. 지난 여름 여행/휴가에서 무엇을 발견하였나요?

☐☐   SQ. 그렇다면 지난 프로젝트에서는 무엇을 발견하였나요?

☐☐ Q. 제가 무엇을 보고 무엇을 증언해야 하나요?

☐☐ Q. 이 주제와 관련해 누구의 도움을 빌릴 수 있다고 생각하나요?

☐☐ Q. 이와 비슷한 성공 경험이 있다면 지금은 그것을 어떻게 정리하고 있나요?

☐☐   SQ. 그것이 주는 교훈을 새롭게 가다듬으면 어디에 활용할 수 있나요?

□□ Q. 두 번 실패하지 않기 위해 특별히 유념해야 할 것이 있다면 무엇이라 생각하나요?
□□ Q. 무엇인가 프레젠테이션에 사용할 수 있는 새로운 tool이나 아이디어가 있다면?
□□ Q. 이 일의 완수를 위해 본인이 발휘해야 할 강점이 있다면 무엇인가요?
□□ Q. 사업본부의 어떤 지원이나 협력이 이 일을 가능하게 할 수 있다고 생각하나요?
□□ Q. 고객님의 인생에서 가장 최고의 순간은 언제였나요?
□□   SQ. 그 당시 옷차림은 어땠나요?
□□   SQ. 그 당시 자신이 가장 좋아했던 노래는?
□□ Q. 내 인생에 가장 빛났던 순간은 언제였나요?
□□ Q. 당신의 그 강점은 다른 사람의 어떤 강점과 만났을 때 가장 빛이 나나요?
□□ Q. 바로 그 순간 당신이 발휘했던 재능은 무엇인가요?
□□   SQ. 그것은 지금 어떻게 더 발전되어 발휘되고 있나요?
□□ Q. 지금 주저하고 있는 이유는 무엇인가요?

 **4. 현실 상황 점검과 관련한 다양한 4분면 응용**

세션 목표를 합의한 후 어떻게 하면 목표와 현실 점검에 적합한 질문을 할 것인가? 코칭 계약 기간 동안 여러 차례 회기를 진행한다. 하지만 '지금 현재' 세션에서 고객과 합의한 세션 목표에 가장 적합한 현실 점검 대화를 나눠야 한다. 이를 위해 주제별로 현실 점검을 하는 다양한 4분면을 교체해 질문을 진행하면 효과적이다. [그림 3.10]은 그것을 이미지로 나타낸 것이다.

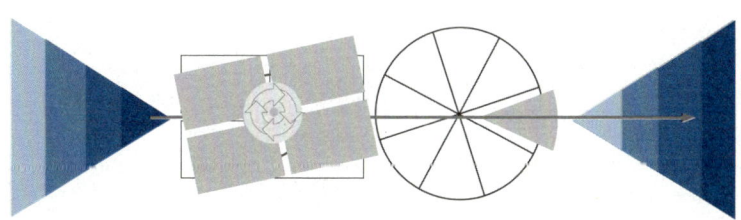

[그림 3.10] 현실 점검을 위한 4분면 응용

GROW-candy 모델에 의한 현실 점검에서 새로운 현실 구성, 4가지 관점 등을 앞에서 살펴보았다(제2장). 또 앞 절에서 살펴 본 고객의 자원 개발을 위한 성공과 실패를 점검하는 4분면도 이에 해당한다. 코치 나름대로 새롭게 고객과 주제, 상황에 맞는 '질문 틀'을 만들어 안경테 렌즈를 교체하듯 다양하게 활용하면 된다.

이를테면 SWOT 4분면이나 1972년 알렌 맥킨지의 '시간의 함정'에 소개된 뒤, 스티븐 코비에 의해 보급 되었던 '긴급한 것과 중요한 것의 차이' 4분면 활용 등이 그것이다. 물론 이런 4분면을 워크시트로 만들어 고객이 사전에 준비하도록 과제로 줘도 된다. 1차적으로 고객이 작업하고 난 뒤 코치가 추가 질문을 통해 심화시키면 된다.

(1) SWOT 4분면 활용 질문

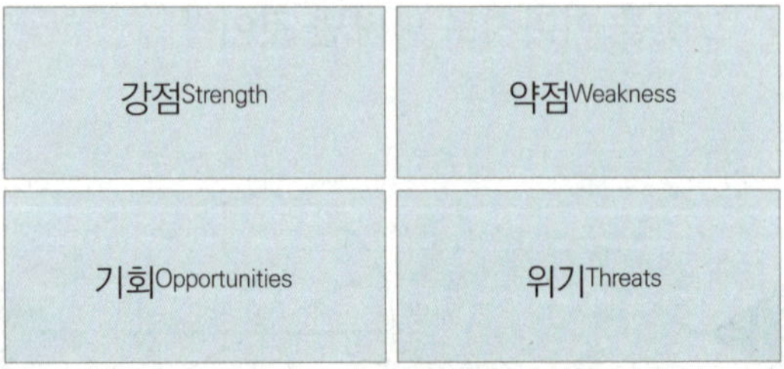

강점 Strength	약점 Weakness
기회 Opportunities	위기 Threats

[그림 3.11] SWOT 4분면

이런 질문은 개인 점검뿐만 아니라 상황 분석과 판단과 결정을 앞

두고 체계적으로 살펴볼 수 있게 한다. 세션 목표의 세분화가 현실 점검 단계에서 세분화된 목표를 탐색하기 위해 SWOT 4분면 활용이 필요하면 이를 활용해 질문한다. 이하 모든 4분면 활용도 마찬가지이다.

■ **SWOT 4분면을 활용한 질문**

□□ Q. 그것을 위해 자신이 갖고 있는 강점은 무엇인가요?
□□ Q. 만약 그 강점이 너무 흘러넘쳐 방해가 된다면 어떤 점을 조심해야 할까요?
□□ Q. 그 일에는 어떤 강점 요인이 있나요?
□□ Q. 자신이 보강해야 할 약점이 있다면 무엇인가요?
□□ Q. 이번 기회에 자신이 알고 있는 약점을 어떻게 활용하면 좋을까요?
□□ Q. 이번 과제 수행은 당신에게 어떤 기회인가요?
□□ Q. 새롭게 발견한 기회를 어떻게 활용하겠습니까?
□□ Q. 과거에 이런 기회를 활용한 적이 있었다면 이번에는 어떻게 활용하겠습니까?
□□ Q. 예상되는 위협요소는 무엇인가요?
□□ Q. 예상할 수 없었던 위협요소를 위해 대비할 것이 있다면 무엇인가요?

(2) 긴급한 것과 중요한 것 구별에 활용하는 질문

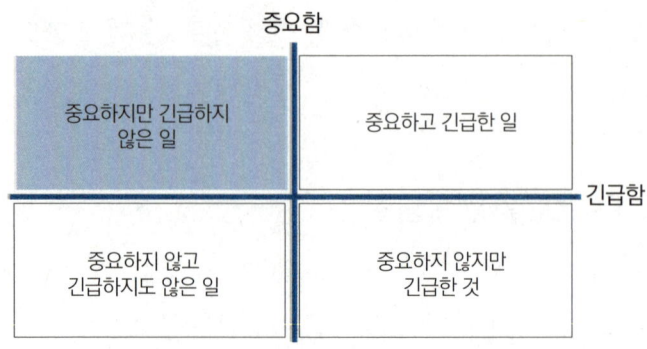

[그림 3.12] 중요함과 긴급함 구별 4분면

SWOT 4분면과 함께 가장 일반적인 내용이지만 코치가 질문을 통해 세션에서 대화를 나누게 되면 의외로 새로운 인식, 주저하던 결정을 분명하게 정리할 수 있다.

■ 중요함과 긴급함 구별 4분면을 활용한 질문

- □□ Q. 이 세션을 통해 확실하게 얻고자 하는 결과물은 무엇인가요?
- □□ Q. 과제를 해결하며 중요하지 않고, 긴급하지도 않은 요인은 무엇인가요?
- □□ SQ. 그것을 털어버리면 무엇이 남나요?
- □□ SQ. 그 일을 손에서 놓지 못하는 이유는 무엇인가요?

☐☐ Q. 정말 긴급한 사항은 어떤 것인가요?
☐☐　 SQ. 그것 중에서 가장 중요한 것은 무엇인가요?
☐☐　 SQ. 긴급하지만 중요하지 않은 것은 어떻게 하는게 좋을까요?
☐☐ Q. 그 일을 위해 가장 중요한 것은 어떤 것들이 있나요?
☐☐　 SQ. 그것들을 긴급한 순서대로 구분해주시겠습니까?
☐☐ Q. 긴급하지는 않지만 중요한 것은 어떤 방안이 있나요?
☐☐　 SQ. 이점과 관련해 좀 더 자세히 코칭 대화를 나누면 어떨까요?

(3) 켄 윌버 4분면을 활용한 점검

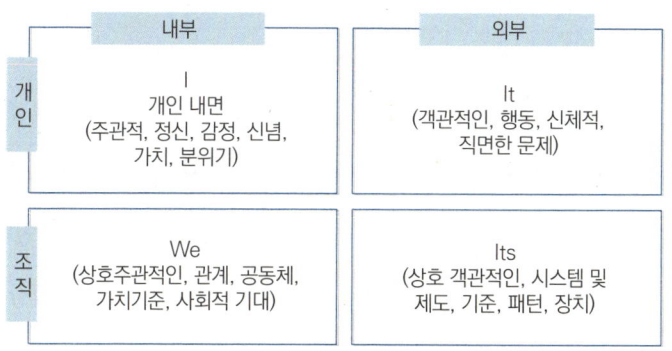

[그림 3.13] 켄 윌버 4분면

켄 윌버 4분면은 코칭에서 활용도가 매우 높은 4분면이다. 세션 목표와 관련해 고객 개인을 중심으로 관련된 모든 사항을 효과적으로로 점검할 때 유용하다. 일반적으로 행동이 필요한 것, 결정을 주저하게 되는 과제 등을 검토할 때 좋다. 개인을 중심으로 한 내면 과제와 외적으로 드러나는 실행, 또 개인이 관련된 조직이나 공동체와 관련한 것을 두루 검토할 수 있게 대화를 진행할 수 있다. 이 과정을 통해 고객은 새로운 통찰을 얻는다.

■ 켄 윌버 4분면을 활용한 질문

□□ Q. 이 일과 관련해 자신의 감정/신념을 검토해보셨나요?
□□ Q. 고객님의 가치 기준으로 검토한다면 어떤 점이 문제인가요?
□□ Q. 객관적인 상황이나 직면한 문제는 무엇인가요?
□□ Q. 이 일이 자신의 행동에는 어떠한 영향을 미치나요?
□□ Q. 체력, 체격, 체질 중 어떤 점이 더 큰 과제인가요?
□□ Q. 이 일과 관련하여 가정/회사에는 어떤 영향을 주나요?
□□ Q. 조직 내부 상황을 좀 더 구체적으로 말해주겠습니까?
□□ Q. 회사의 비전과 가치와 비교하면 어떻게 설명할 수 있나요?
□□ Q. 사내 정치 문제인가요? 의사소통 문제인가요? 한 가지 관점에서 설명해주겠습니까?
□□ Q. 제도를 수립/변경한다면 어떤 점을 검토하면 좋을까요?
□□ Q. 조직의 방침과 관련해 검토한다면 어떤 점이 더 필요할까요?
□□ Q. 시스템 차원에서는 어떤 점이 더 중요한가요?

☐☐ Q. 그렇다면 가족 구성원 전체는 어떤 모습인가요? 이 인형을 놓으면서 설명해 보겠습니까?

☐☐ Q. 그와 관련한 이미지를 이 사진에서 선택한다면 어떤 것에 더 가까울까요?

(4) 데카르트 4분면을 활용한 현실 점검

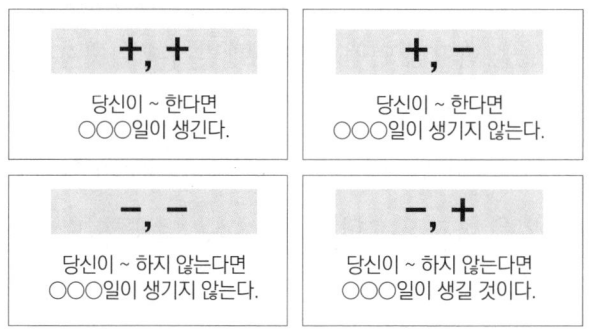

[그림 3.14] 데카르트 4분면

NLP에서 사용하는 데카르트 4분면은 양가감정이나 진퇴양난의 상황을 검토할 때 활용할 수 있다. 단순하지만 결정이나 판단을 미룰 수 없게 분명한 결과를 도출할 수 있다. 세션에서 서로 상반된 상황과 위치에서 상황을 보고, 복잡한 양가감정이나 어려운 판단을 섬섬하노록 해 고객의 자각 인식과 선택을 촉진한다.

■ 데카르트 4분면을 활용한 질문

□□ Q. 우리가 다룰 주제에 대해 OX처럼 상반되는 상황을 점검해 볼까요?

□□ Q. 그 일을 하게 되면 어떤 유익이 있나요?

□□ Q. 그 일을 한다면 어떤 새로운 길이 열릴 것 같은가요?

□□ Q. 그 일을 한다면 어떤 어려운 점이 드러나요?

□□ Q. 그 일을 한다면 어떤 일이 방해받거나 이뤄지지 않는지 한번 생각해보겠습니까?

□□ Q. 그일을 하지 않으면 어떤 일이 일어나는지 알 수 있나요?

□□ Q. 그 일을 하지 않으면 목표로 하는 일 중 어떤 일이 일어나지 않나요?

□□ Q. 지금까지 검토한 것을 통해 새롭게 정리되는 것이 있다면 무엇인가요?

(5) 가치 점검 4분면 활용

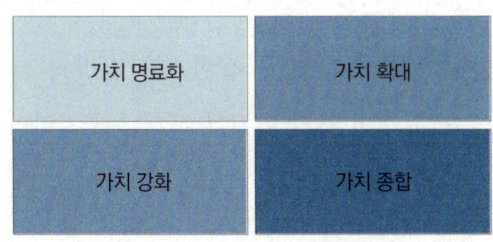

[그림 3.15] 가치 점검 4분면

가치 점검은 코칭 대화의 기본이다. 고객이 이루려는 목표나 과제 안에는 고객의 가치 기준과 신념이 관여되어 있다. 겉으로는 이런 저런 주장이나 성향에 의해 갈등이 드러나고, 현실과 불화하지만 내면에서는 언제나 가치 충돌이 연결되어 있다. 심리적인 어려움도 가치 갈등으로 접근하면 피해 갈 수 있다. 코치는 고객의 가치를 더 분명하게 가다듬거나, 확대, 강화, 때로는 종합하여 새로운 가치 형성의 기반을 마련한다. 가치 점검 4분면은 이를 위해 다양한 필수 요인을 코치가 변경할 수 있다. 네 가지 항목을 코치 개인의 임상경험에 근거해 새롭게 정리하면 된다. 저자의 중점에서 가장 일반적인 요소는 다음과 같다.

■ 가치 점검 4분면을 활용한 질문

☐☐ Q. 정리한 세션 목표와 본인이 평소 갖고 있는 가치와는 어떤 관계가 있나요?

☐☐ Q. 그동안 살아오면서 소중하게 생각하는 본인의 가치를 키워드로 표현한다면 무엇인가요?

☐☐ Q. 어떤 점이 본인의 가치와 갈등을 일으키나요?

☐☐ Q. 이 문제 역시 본인의 가치기준으로 검토해 보셨나요? 좀 구체적으로 설명해 보시겠습니까?

☐☐ Q. 평소에 주장하는 가치를 필요한 이 순간 활용한다면 어떠

한 설명이 가능한가요?

☐☐ Q. 흔들리며 피는 꽃이 어디 있나요? 어떤 가치가 흔들리고 있나요?

☐☐ Q. 그 가치를 조금 헐겁게 한다면 어떤 길이 새로 열리나요?

☐☐ Q. 10여 년의 현장 경험을 근거로 할 때 어떤 가치가 더 필요한가요?

☐☐ Q. 그 과제만으로 주장하고 있는 가치가 정말로 충분히 실현될 수 있나요?

☐☐ Q. 평소에 주장하는 가치를 이 시점에서는 어떻게 설명할 수 있나요?

☐☐ Q. 이제는 새로운 가치가 필요하다는 말인가요? 그렇다면 그것은 무엇인가요?

☐☐ Q. 낡을 것을 놓아두고 새롭게 설계한다면 어떤 가치를 확립하겠습니까?

(6) 조하리의 창을 활용한 현실 점검

조하리의 창에 비유해서 우리 자신을 살펴본다. 타인들은 잘 알고 있지만 자신은 모르고, 보지 못하는 부분blind area을 누구나 갖고 있다. 자기는 알고 있지만 타인에게 숨기는 부분hidden area도 있다. 자신이 보지 못하는 부분은 코치가 경청과 질문을 통해 고객이 알 수 있게 한다. 미러링mirroring이 그것이다. 특히 코치의 경청은 거울이 되어 고객은 코치에게 비춰진 자기 모습을 보게 되고, 감추고 싶은 부분마져도 노출하게 된다. 이런 노력에 의해 두 사람의 신뢰와 친밀감(2019. ICF 11가지 3; 2020. ICF 8가지 핵심 역량 3 참조)이 높아진다.

안전지대가 튼튼해지면 고객은 자신이 쓰고 있는 가면을 벗을 수 있다(『정신분석과 임원 코칭』 김상복 옮김, 한국코칭수퍼비전 아카데미, 2011). 물론 숨기고 싶고 보지 못하는 두 영역은 코치도 역시 가지고 있다. 오히려 고객과의 만남을 통해 코치도 이를 알게 된다. 두 사람의 ①상호 협력적 코칭 관계 ②신뢰와 친밀감 형성으로 만들어진 일치감 ③두터운 안전지대 구축과 코칭 작업동맹working alliance ④코칭 프레즌스coaching presence 안에서의 함께 함은 고객의 **방어기제**와 **사각지대**를 점차 밝혀낼 수 있다.

[그림 3.16] 조하리의 창 4분면

☐☐ Q. 다른 사람은 고객님을 어떻게 보고 있다고 생각하나요?

☐☐ Q. 다른 사람에게 적극적으로 보여주고 싶은 모습은 어떤 모습인가요?

☐☐ Q. 다른 사람의 주장과 달리 자기만 알고 있는 자신의 진정한 모습은 어떤 모습인가요?

☐☐ Q. 다른 사람이 알고 있는 모습과 자신의 모습은 어떻게 다른가요?

☐☐ Q. 궁금합니다만……. 정말 숨기고 싶은 자기 모습 한 가지를 이야기해줄 수 있나요?

☐☐ Q. 다른 사람이 주로 지적하지만 자신은 전혀 동의하지 않는 모습이 있다면 무엇인가요?

☐☐ Q. 자기도 몰랐던 자기 모습이 별안간 나타나 스스로 놀랐던 적이 있었다면 이야기해주겠습니까?

☐☐ Q. 자신에게 정말 궁금한 점이 있다면 무엇인가요?

☐☐ Q. 저와 함께 탐험한다면 자신의 무엇을 살펴보고 싶나요?

☐☐ Q. 저에게 보여진/느껴진 고객님의 모습을 이야기해도 될까요?

☐☐ Q. 그 영화에서 자신이 특별히 좋거나/화나게 하는 인물이 있다면 누구인가요?

(7) 상자 밖으로 나오고, 삶의 헐거움을 성찰하게 하는 4분면

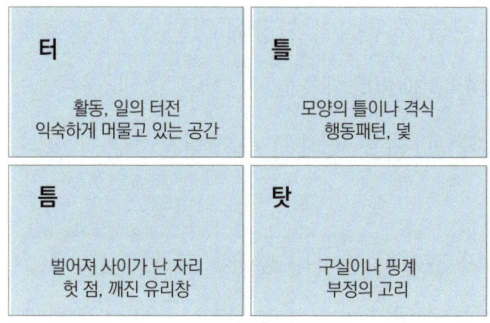

[그림 3.17] 터-틀-틈-탓 4분면

누구든 자기가 담겨 있는 상자에서 나와 상자 밖에서 생각하는 것은 특별한 계기가 필요하다. 절실한 경험과 사건에 대한 성찰, 변화에 직면한 내면의 깊은 불안, 꼼짝할 수 없는 막다른 상황, 중요한 타인과의 지혜 나눔 등이 그런 계기가 될 수 있다. 코치는 필요한 경우 고객에게 부드러운 직면을 통해 상자 밖으로 나와 상황과 고객 자신의 삶을 성찰하게 한다.

①자신이 활동해온 터전, 머물고 있는 물리적, 정신적 공간, ②자신의 행동 패턴이나 자기 모습, 자기가 매달려 있는 고정된 덫, ③에너지나 열정을 낭비하게 하는 특별한 허점, 여유와 쉼을 위해 꼭 필요한 틈, ④자신을 탓하거나 타인을 탓하는 경향, 핑계 패턴, 자주 언급하는 언어 틱 등에 대한 미러링과 질문을 제공한다.

■ 터-틀-틈-탓 4분면을 활용한 질문

☐☐ Q. 만약 지금 사무실이 현장에 있는 임시 텐트에 있다면 무엇을 그만두겠습니까?

☐☐ Q. 익숙한 곳/터를 떠나서 생각해본다면 무엇이 눈에 들어오나요?

☐☐ Q. 지금의 조건을 얼마나 활용하고 있나요?

☐☐ Q. 흔히 우리 말에 '꼴 값을 한다'는 말이 있습니다만 현재 가격을 다 하고 있나요?

☐☐ Q. 자신의 행동/사고 패턴을 이야기해보시겠습니까?

☐☐ Q. 자주 넘어지는 잔돌 같은 함정이 있다면 무엇인가요?

☐☐ Q. 사소한 실수로 상황을 불리하게 만들었네요. 어떻게 활용하겠습니까?

☐☐ Q. 깨진 유리창이 언제부터였는지 기억하고 있나요?

☐☐ Q. 핑계로 대처하지 않는 영역이 있다면 어디인가요?

☐☐ Q. 그렇게 탓을 하는 모습을 다른 사람이 보면 무엇이라 할까요?

☐☐ Q. 만약 이제부터 인생의 헐거움을 갖고 싶다면 어디서부터 하겠습니까?

☐☐ Q. 좀 더 헐거워진다면 자신을 위해 어떤 일을 하고 싶나요?

제4장
실전 코칭과 GROW-candy 모델

GROW-
candy
model

 **1. 여정을 함께 걷는 발걸음**

고객은 코칭 주제를 가지고 코치를 만난다. 처음 해야 할 일은 코칭 계약을 체결한 후, 코칭을 통해 성취하고 싶은 목표를 두 사람이 합의하는 일이다. 코칭이 끝날 무렵 목표 달성 여부를 점검하기 위해서는 결과에 대한 합의를 이미지까지 일치해야 하고, 결과 측정 방식도 합의해야 한다. 코칭 평가는 이 목표 달성 정도에 달려 있다. 두 사람은 코칭 계약 기간 동안 합의한 코칭 회기 횟수만큼 정기적이고 지속적으로 만나 코칭을 진행한다. 물론 코치는 각 코칭 회기와 전체 코칭 진행을 관리하게 된다.

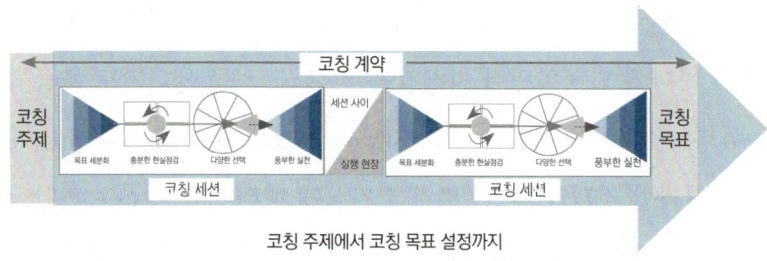

코칭 주제에서 코칭 목표 설정까지

[그림 4.1] 코칭 계약과 코칭 목표

아기 발걸음으로 시작해 발돋음하자.

코칭 전체 여정을 관리할 때 코치에게 필요한 자세가 어떠해야 하는지를 잠시 살펴보자. 먼저 알아둘 일은 서로 코칭 목표를 합의했다 하더라도, 코칭 여정에 따라 중간에 언제든 조정하고 변경할 수 있다는 점이다. 새로운 주제가 발견되거나 경유 지점이 생길 수 있으며, 목적지도 변경될 수 있다. 그렇기에 일단 출발은 가볍게 한다.

코치는 여정의 출발을 먼저 아기 발걸음으로 시작해야 한다. 걷는 방향이야 고객이 이끄는 대로 가고, 코치는 호기심으로 뒤따르지만, 발걸음만큼은 작고, 언제나 멈출 수 있는 그런 아기 발걸음이어야 한다. 아기 발걸음이란 어떤 이미지인가? 자신 없는 상황에서는 충분히 주저하고, 너무 높은 목표나 과제를 설정하지 않으며, 처음에는 자주 넘어지더라도 거침없이 일어나서 다시 걸어가는 그런 발걸음이다. 또 가다 못 가면 엄마 품으로 뛰어 돌아오는 그런 발걸음이다.

아기 발걸음은 처음부터 무리한 목표가 아닌 '쉬운 목표'를 설정하고, 하나씩 달성하면서 자신감을 쌓고 그 성공 에너지도 조금씩 높여 나간다. 누구에게나 마치 30cm 계단은 쉽게 오르나 3m 계단은 절벽인 것과 같다. 오로지 호기심에 따라, 할 수 있는 편안한 속도로 무리하지 않는다. 성공해야 앞으로 나아갈 수 있다. 또 성공하지 못할지라도 계속 반복하는 것이 아기 발걸음이다. 무수히 넘어졌다 일어나는 아기 발걸음은 바로 '일어설 수 있는 근육'을 키우는 과정이다.

코칭 세션에서 서로 확인한 실천 방안이 있다면, 다음 코칭 세션 때까지 과제를 꼭 수행하게 해야 한다. 실행 과제의 크기는 실행 가능한 만큼 손쉽게 할 수 있는 정도여야 한다. 먼저 ①세션에서 대화 중 고객이 어떤 자각이 일어나 '즉시 꼭 해야겠다/할 수 있겠다'는 반응을 보이면 어떻게 할 것인가? 코치는 (3장 참조) 즉시 할 수 있다right now는 점을 확인하고 이를 위한 조건과 방안을 검토하게 해야 한다. 그렇지만 ②고객이 실천 과제를 크게 부풀려서 할 수 있다고 주장하거나, ③너무 손쉬운 과제만 하려고 하면 어떻게 할 것인가? 이런 반응에 대해 긍정적이고 수용적으로 임해야 하지만 이런 특성에 대해서는 특별한 탐색과 대처가 필요하다. ④고객이 생활하는 세션과 세션 사이에는 새로운 실천 과제를 실행하는 보이지 않는 장애물이 있다. 큰 장애물은 누구에게나 쉽게 보이기 때문에 피해 갈 수 있지만, 잔돌 같은 작은 장애물은 언제든 쉽게 미끄러질 수 있다. 변화하려는 고객에게 일상생활이란 이런 작은 장애물이 많이 쌓여 있는 공간이다. 이 모든 것 때문에 아기 발걸음이 중요한 이유이다.

큰 돌은 피할 수 있으나 잔돌에는 쉽게 미끄러진다.

아기 발걸음으로 시작하지만 다음으로는 확장된 목표, 일명 발돋움 목표stretch goal를 잊지 말아야 한다. 아기들의 발걸음도 마찬가지다. 손쉽게 움직이고 나면 끊임없이 발을 들고 다음 단계를 시도한다. 코치 역시 고객이 작은 목표와 과제를 실행하고 손쉬워지면 바로 **발돋움 목표**를 추가한다. 고객이 언제나 하던 대로 손쉬운 목표를 받아들이고, 변화와 성장이 둔화되게 방치해서도 안 된다. 고객이 제기하는 목표가 현재 조건과 힘으로 충분한 것이라면, 곧 발뒤꿈치를 들게 할 수 있다.

호기심이 두려움을 넘어갈 수 있을 만큼 크거나(이것은 매우 중요하다), 엄마의 지지와 눈길을 받는 아기는 언제나 발돋움하여 더 높은 목표에 도전하지 않는가? 코치는 고객이 발을 들면 도달할 수 있는 약간 높고 확장된 목표를 염두에 두고 고객을 지속적으로 탐색한다. 점프해도 도달하지 못하는 어려운 목표를 부여하는 것은 역효과이지만, 내심 조금씩 통과 지점을 '통과 목표'로 설정하고 성취감을 체험하면서 발돋움해 나가는 **확장된 목표 설계**로 코치는 고객을 앞서거나 뒤따르는 것이 필요하다.

이는 전적으로 코치의 몫이다. 코치에게는 고객과 발맞추며 속도나 높이를 조절해가는 섬세함이 요구된다. 이런 시도는 언제나 가능한 일이다. 먼저 고객에 대한 코치의 신뢰와 믿음이 기둥이 된다. 그러면 고객은 코치의 기둥을 잡고 발 뒤꿈치를 든다. 기둥이 흔들리거나 약하면 누구도 발돋움할 수 없다. 코치와 고객은 코칭 세션을 누적하면서 **상호 신뢰와 믿음**을 더욱 높게 쌓아 간다. 헬스장의 개인 트레이너를 보면 더욱 분명하다. 구령을 붙여 10개를 도전하게 응원하다가도 틈만 나면 어느새 '두 번 더' 하면서 몇 번을 더 할 수 있게 만든다. 코칭도 마찬가지다. 고객이 코칭 관계를 충분한 안전지대comfort zone로 체험하면, 고객은 점차 그 경계 밖이 조금 위험스런 영역risk zone일지라도 코치와 눈을 마주치며 새로운 도전, 확장된 목표로 향한다.

걷는 아기를 보라. 언제나 발 뒤꿈치를 들고 무엇이든 도전한다. 아기는 엄마의 지지와 눈길을 받으면 언제나 자신 있게 자기 호기심에 근거해 도전한다. 엄마의 불안은 아기를 주저하게 만들고 그의 감탄에 아기는 힘을 얻는다. 엄마는 이런 도전과 시도하는 과정에 아기와 함께 한다. 두 사람의 신뢰와 노력으로 아기는 (엄마와) 함께 하며 **홀로 있는 힘**(D. W. Winnicott, 2000)을 갖게 된다. 이런 능력을 쌓아가는 아기에게 엄마의 감탄과 믿음이 더해진다면 아기는 어떻게 될까? 엄마의 감탄과 믿음은 아이 성장의 밑거름이다. 코칭 관계 안에서도 마찬가지다. 코치의 믿음과 지지, 눈길과 감탄, 함께 함이 고객에게 힘을 준다.

**아기는 엄마의 감탄을 먹고 자라고
고객은 코치의 격려로 계속 도전한다.**

마지막으로 코치가 염두에 둘 것은 대약진 목표giant leap를 넘보는 상승을 기대하는 것이다. 누구든 대약진을 꿈꿀 수 있다. '평범함이 비범함의 원래 이름이라면 모든 평범함 속에 비범함이 함께 한다.' 자기 안의 잠자는 거인을 깨우고 감추어둔 잠재력을 발휘하고자 꿈꾸지 않는 사람은 없다. 코치를 찾는 사람들이라면 더욱 그렇다. 매우 높은 목표, 벅찬 목표, 불가능한 목표를 향한 도전 기회는 모든 사람 앞에 평등하게 놓여 있다. 고객에게 코치가 필요한 이유가 바로 이 기회를 잡기 위해서일지 모른다. 코치와 함께 하는 두 사람의 굳건한 믿음faith을 디디면 누구든 **자기 날개짓**으로 날아오를 수 있기 마련이다. 믿음이 두려움을 넘어야 번지 점프가 가능하다. 번지 점프로 내려가서는 다시 되돌아 올 길이 없다.

> 몇 년 전 나는 연구 프로젝트를 위해 캐나다의 뉴펀들랜드Newfoundland에 방문한 적이 있다. 그 섬에 있는 동식물 군은 매우 특별했다. 바다에 작은 섬들이 많이 있었는데, 이 섬들은 마치 요새처럼 솟아올라 수백만 마리의 새들을 위한 보금자리가 되었다. 많은 새들 가운데 흔한 바다오리도 있었다. 이 새는 매우 빠르게 날지만 날개가 짧아서 민첩하게 움직이지는 못했다. 이들은 공중에서보다 물에서 더 잘 움직이는 훌륭한 잠수부이다. 암컷 바다오리는 수면으로부터 수백 피트 혹은 수천 피트 떨어

진 바위의 아주 작은 턱에 하나의 알을 낳는다. 높은 바위 난간들은 바다오리가 번식하는 군집 장소를 형성하고, 바위 층층이 자리 잡고 자신들의 알을 지키는 바다오리 부부들로 가득 찬다. 3주 후면 바다오리 알이 부화한다. 그러면 바다오리 부부는 알의 부화가 아닌 새로운 도전 과제를 안게 된다. 바로 갓 부화한 바다오리 새끼에게 자신들이 삼켜 반쯤 소화해 낸 물고기를 토해 내서 먹이는 것이 아니라 신선한 물고기를 먹이는 일이다.

4주가 지나고, 바위틈은 점차 오리새끼들로 매우 붐비게 된다. 결국 막 날기 시작한 어린 새들이 살기위해 말 그대로 믿음의 도약leap of faith을 하게 되는데, 그렇지 않으면 그들에겐 미래란 없어 보인다. 바닷속에 있는 부모 새들의 격려를 받으며, 어린 새떼들은 자기가 머물던 바위 난간에서 수백, 수천 피트 아래에 있는 바다를 향해 뛰어내린다. 오직 자신도 바다의 잠수부가 되겠다는 기대를 갖고 있다. (그들은 거의 칠흑 같은 어둠이 내린 시간 때에만 뛰어내리는데, 이는 포식자들의 눈에 띄지 않기 위해서다.) 나는 여기서 바다오리와 코칭과의 강한 유사점/평행화parallel를 발견했다. 바다오리 부모처럼 리더십 코치들은 고객들이 믿음faith의 도약을 통해 절벽의 바위 틈에서 벗어나 더 나은 삶을 향해 나아갈 수 있도록 도와야 한다.

『Mindful Leadership Coaching』 Manfred F. R. Kets de Vries, 2014

물론 코칭 항해 중 어느 한순간 임시적 상승temporary high을 경험한다. 이런 경험을 통해 다른 상태를 경험한다. 그러나 이를 지속적인 성공sustained success으로 만들며 다음 단계로 올라서는 것이 과제다. 임시적 상승을 경험한 고객이 지속적 성공을 받아들이기 어려워하더라도 이것이 궁극에는 유리하다. 이를 고객 마음 속에 씨앗으로 심어주는 것은 코치가 꼭 해야 할 일이다(Thomas Leonard, 2009). 이런 경험이 있어야 기회가 오면 전력 질주를 가능하게 한다. 코칭 항해를 마라톤이라 생각한다면 목표를 앞두고 꼭 필요한 **전력 질주**의 순간이 있다. 승부수를 던지듯 사력을 다하는 도전이 필요한 순간이다. 코치가 페이스메이커로 함께 했다면 그 믿음에 근거해 도약leap of faith을 할 수 있지 않은가(김상복, 2017).

 ## 2. 코칭 세션에 꼭 있어야 할 두 가지
  : 목표 설정과 실행 계획

GROW-candy 모델의 네 가지 요소 가운데 특히 목표와 실행 두 가지는 필수 요소이다. 코칭 한 세션에서 이런 저런 상황으로 코칭 대화가 복잡하고, 중구난방衆口難防으로 어지럽게 진행된다 할지라도, 코치는 현재 세션에서 다룰 목표와 실행은 꼭 주목해야 한다. 세션 목표와 실행 계획은 모든 세션에서 꼭 있어야 한다. 이 점이 1장에서 이야기했듯 코칭 대화가 일반 대화와 다른 점이다.

코칭 대화는 고객과 합의한 대화 주제, 주제에서 발견된 과제를

[그림 4.2] 세션 목표와 실행 과제

위한 대화이다. 또 대화의 결과는 거의 고객이 해야 할 행동, 실천 과제로 재구성해 실천해야 한다. 대화 주제가 없거나, 실행 과제가 없으면 비록 예외는 있을지라도 코칭 대화로 보기 어렵다. 심지어 고객과 주제 없이 자유롭게 대화를 나눈다 할지라도 코치는 마지막으로 대화 과정을 정리하도록 고객에게 요청하고, 이를 통해 얻은 성찰을 근거로 실행 과제로 재구성하게 한다. 세션 목표 설정 역시 마찬가지다. 고객이 주변 환경, 세션과 세션 사이에서의 변화나 장애 요인, 심리적 변화에 따라 영향을 받지만 무엇보다도 중요한 건 코치와 약속하고 실행한 결과와 성과가 세션 목표 조정에 언제나 반복적으로 반영되어야 한다.

    코치가 실행 과제 설정에 **소극적**이거나 **주저**하는 경우, 심지어 **이를 못하는** 경우가 있다. 코칭은 실행이 중요하긴 하지만 '성찰'이 더 중요하다는 인식하에 실행 과제 설정을 유보할 수 있다. 그러나 실행 과제 설정과 실천을 부차적으로 볼 수 있으나 없어도 된다는 태도는 동의하기 어렵다. 고객 성찰이 정서 경험으로 남는 것도 중요하지만 그 내용이 언어화되고, 인식으로 재구성되어야 한다. 이것이 삶에 반영되면 실행을 더 기쁘고 풍성하게 하는 동력이 될 수 있다. 결국 모든 변화는 실천practice에서 온다.

    코치가 이런 인식을 갖고 있음에도 세션 내용과 고객 관계에서 실행 과제를 도출해 내고, 실행을 강화하기 위해 계획하지 못하면

이는 **수퍼비젼**이 필요한 상황이다. 그것이 코치 자신의 미해결 과제 때문인지, 코칭 개입 관련 스킬과 역량의 문제인지, 고객이 불러 일으키는 것인지 체계적 탐색이 필요하다.

   GROW-candy 모델 네 가지 요소 가운데 생략해서는 안 되는 코칭 대화의 최소 요소는 세션 목표와 실행 과제 두 가지이다.

 **3. 목표 설정의 첫 걸음이 어려운 경우**

(1) 코치의 어려움

코치는 고객이 말하는 내용에 맞춰 호응하는 태도를 취하고, 상대에게 맞춤 반응을 할수록 고객은 마음을 열고 자신을 노출하게 된다. 코칭 대화가 발전하고 믿음이 확대되면서 이야기도 확대되고 두터워진다. 하지만 실제 두 사람의 대화가 어디로 확산될지 예측하기는 어렵다. 어두운 동굴을 걷듯 코치가 랜턴을 비추며 같이 앞으로 걸어가며 대화를 나눌 뿐이다. 질문을 받으면 고객은 어느새 편안하게 대답을 하게 된다. 바람직한 것은 이야기를 예측하기 어려운 상황에서 코치는 손에 든 랜턴을 조심스레 비추지만 어느새 고객이 건네 받고, 자기 스스로 이것 저것 비추며 이야기하는 상황이다. 이야기가 무르익어 가면서 코치는 점차 대화를 현재 세션에서 다룰 세션 주제로 접근하고 좁히려고 하면 고객이 내놓는 목표는 오히려 다양해지고, 더욱 막연해진다. 처음 이야기할 때 주제가 분명했다 하더라도 마찬가지다.

먼저 할 일은 코칭 계약 후, 코칭 항해 뒤에 도달하고자 하는 코칭 목표와 현재 코치와 대화하는 코칭 세션의 목표를 구별하는 것이다. 그러나 만약 이 작업이 어렵다면 코치가 적극적으로 첫 번째 초기 세션intake session을 코칭 목표 발견 세션discovery session으로 운영할 수 있다. 첫 세션을 주제 발견 세션으로 진행하기 위해 성격이나 행동, 성향 관련 진단지를 활용하기도 한다. 성격, 행동 패턴, 리더십, 심리 구조 등 진단을 활용해 고객의 자기 이해를 돕고 코칭 세션 운영의 효율을 높이기 위해 여러 가지 진단지 활용이 가능하다. 이와 관련한 전문성 확보와 활용 역량을 갖기 위해서는 별도의 준비와 윤리적 기준이 필요하다(Patrick Williams & Sharon K. Anderson, 2005, 『윤리와 법』 김상복, 우진희 역, 한국코칭수퍼비전아카데미).

라이프 밸런스 휠life balance wheel 등 작업 시트를 활용하는 것도 한 방안이다. 코치는 자기 소신에 근거해 삶과 생활의 중요한 8대 과제(경력/직장, 가족/친구, 재정, 애정/로맨스, 건강/자기관리, 사회활동/여가, 개인적/정신적 개방, 물리적 환경)와 관련한 주제어를 선정해 두거나, 고객이 자신이 해결하고 싶은 주제를 첨부하거나 변경하게 한다. 각 주제어별로 만족도나 심각성을 직접 체크하게 하고 한 가지를 선택해 세션 주제로 다루면 된다. 물론 어느 하나를 정했다 하더라도 각 주제어는 서로 연결되고 중복되는 것은 당연하다. 해결을 위해 얽혀 있는 실타래는 어느 한 줄을 선택해 풀어가야 하듯 시작점을 선정하는 것이 중요하다.

코치는 처음 고객과 합의한 전체 코칭 목표가 설정되었더라도, 매 회기 세션 목표를 세분화할 수 있다는 점을 안내해야 한다. 고객이 여러 가지 목표로 고민한다거나, 너무 큰 목표를 제시할 수 있기 때문이다.

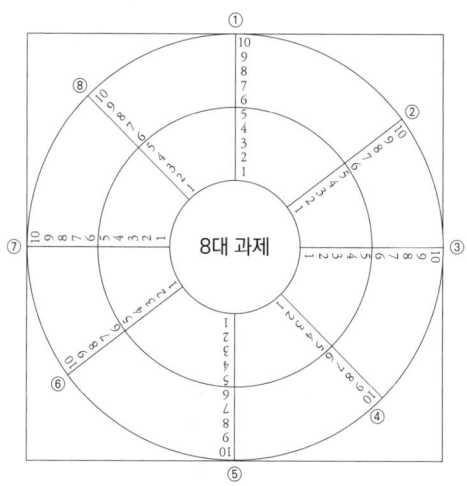

[그림 4.3] 라이프 밸런스 휠 활용에 의한 목표 설정

(2) 고객의 어려움

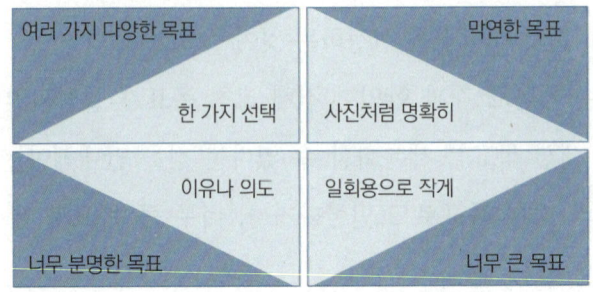

[그림 4.4] 코칭 목표와 세션 목표 다루기

고객은 언제나 목표 말하기, 목표 정하기에 주저하고 어려워할 수 있다. 고객이 말하는 목표가 여러 가지이면 [1]이번 코칭 대화(코칭 세션)에서 다루고 싶은 것 한 가지를 선택하게 한다. 선택하기 어렵다면 가장 중요한 것, 먼저 해야 한다고 생각하거나, 하고 싶은 것을 중심으로 결정하게 한다.

또 주제나 목표가 너무 막연하다면 [2]코칭 계약이 끝나고 나서 성취하고 싶은 목표를 구체적으로 그림이나 사진을 보듯 가능한 수준에서 명확하게 설명해보도록 요청한다. 심지어 필요하다면 연상을 잘하고 내용 구성에 도움이 되는 사진이나 그림을 활용하기도 한다. 반면에 [3]목표가 뚜렷하고 분명하다면 오히려 그 이유나 의도, 계기를 궁금해하며 질문을 통해 고객이 충분히 설명할 수 있게 해야 한다. 고객 입장에서 아무리 분명하다 할지라도 의도와 이유, 계기를 충분히 이야기하다보면 '더 분명한 것'을 발견할 수 있기 때문이다. 이렇게 대화를 확대하다 보면 고객 내면으로 들어가게 된다. 불쑥 상대의 속마음으로 들어가기보다는 조심스런 노크를 통해 의사를 확인하고 고객이 허락하는 만큼 걸어 들어가는 것이 필요하다.

여러 차례 언급하지만 ④고객의 목표가 수박 덩어리와 같이 너무 큰 목표라면 한 입에 먹을 수 있게(이번 코칭 기간이나 한 세션에 다룰 수 있게) 잘게 잘라야 한다. 실행하기 편하게 일회용으로 자르거나, 그것을 위한 첫 계단을 이야기하게 한다(2장 참조).

먼저 손쉬운 접근은 위에 열거한 어떠한 주제이든 그 안에는 **상황, 사건, 인물, 관계, 사실**이 섞여 있다. 다섯 가지 가운데 주된 것으로 이야기가 기울기 마련이다. 코치는 다섯 가지를 염두에 두면서 고객이 안내하는 곳으로 뒤따라 들어간다. 이런 다섯 가지 가운데 한 가지라도 빠진 부분이 있다면 코치는 궁금해 하고 질문해야 한다. 그러나 고객이 일부러 누락하고 있다면 관심 표명을 뒤로 미룰 수 있다. 이들 영역으로 한 발 더 들어가면 과거나 미래와 관련된 고객의 복잡한 삶이 있고, **기대**와 **의도**, **감정**, **신념**과 **가치** 등이 얽혀 있다. 여기서도 마찬가지다. 여러 골목이 나와도 결국 고객이 어느 한 길을 선택하기 마련이다. 고객이 주저하거나 이리저리 오갈 때에 코치가 편안하게 어느 하나를 선택하도록 요청하면 된다.

그렇지만 코치는 무엇보다 먼저 고객이 코칭 세션에 들고 온 보따리를 받아 들여야 한다. 함께 그 보따리를 풀고 그 안에서 세션 목표를 찾아야 한다. 코치의 관심사, 분석에 근거한 태도 표명, 손쉽다고 생각되는 지름길 등을 제시하고자 한다면 이는 코치의 문제다. 고객이 일시적으로 코치의 이런 태도를 좋아하거나 동의한다 하더라도 마찬가지다. 코치가 고객이 내민 보따리를 받아 들고 그 안에서 코칭 아젠다를 찾고 다루지 않으면 안 된다. 그 보따리 안에서 고객이 주제를 선택하게 하지 않거나 코치의 판단으로 다른 것을 기웃거리는 것은 코치의 길이 아니다(김상복, 2017). 고객이 들고 온 보따리를 코칭하고, 보따리로 코칭한다.

질문을 어떻게 해야 하고 추가 질문을 얼마나 많이 해야 하는지는 요리사마다 요리 방법이 다르듯 일률적으로 말하기 어렵다. 코치마다 코칭 대화 방식이 다르고, 같은 코치라도 고객에 따라 나누는 대화 내용이 다르기 때문에 일률적으로 접근하는 것이 오히려 문제다. 인증 취득을 위한 훈련 과정에서 고정적인 질문 틀을 갖게 되었다면 이를 서둘러 벗어나야 한다. 과거에 코치들이 모든 고객에게 한 가지 틀로 코칭했지만 이제는 오래된 옛 이야기이다. 이제 필요한 만큼 추가 질문을 엮어 보는 다양한 시도로 자기 스타일을 만들어 나가야 한다. 또 이만하면 다 되었다고 코치의 판단이나 느낌이 오면 고객에게 직접 확인할 수 있다.

대화 상황, 코치 질문의 톤이나 속도, 몸짓과 표정 등 비언어적 소통, 고객의 대답에 대한 코치의 반응 등이 다시 고객에게 영향을 주어, 대화가 확대 또는 심화될 경우 두 사람이 목표 설정하는 데 어려움을 겪는다. 이 역시도 기준을 마련하기 어렵다. 코치는 어느 지점에 이르면 자신의 직관에 근거해 요청한다.

고객의 이야기, 이루려는 목표 뒤에는 아주 다양한 그러나 절실한 무엇이 숨겨져 있다.

코치의 노력은 결국 고객이 던지는 목표를 욕망, 필요, 원함, 고픔과 연결된 간절함과 절실함을 함께 나누는 것이다. 이야기는 고객이 세션 안에서 다루고자 하는 목표를 꿈, 비전, 가치, 의미, 소망, 이유에 담갔다가 꺼내는 과정으로 흘러가게 된다. 이런 여정 자체도 아주 소중하다. 누구든 자신이 갖고 있던 목표를 이런 주제와 연동해서 검토해본 적이 없었기 때문이다. 이 과정은 고객에게 큰 자각을 준다. 자기 목표를 자신의 이런 숨겨진 것들과 연결하여 설명하면 누구든 에너지가 올라간다. 이렇게 되면 강력한 목표를 잡게 되고, 희미한 목표, 막연한 목표는 구체적이 될 뿐만아니라 자기 나름대로 **이유와 근거**를 설명하는 가운데 **자각**이 높아져 실현 가능한 목표로 스스로 재설정하게 된다.

그렇지만 고객은 그날 세션에서 다룰 코칭 세션 목표를 합의해야 하거나, 자신이 해결하려는 목표를 뒷받침하는 자신의 비전, 가치, 자기 자신who you are에 대해 코치가 탐색할 수 있다는 사실을 처음에는 모른다. 이야기 방향을 정하지 않은 상태에서 시작하기도 하고, 자신이 알고 있다 하더라도 이를 잊고 이야기하거나 안중에 없게 행동한다. 고객은 단지 자신이 해결하고자 하는 목표에 대한 방향 찾기, 방법 찾기 등에 초점을 맞추고 궁금해 할 수 있다. 이때 코치도 함께 이야기 방향을 '어떻게how'에 집중하는 것은 코칭 대화를 너무 협소하게 만든다. '어떻게'에 집중하기보다는 그 목표와 관련된 고객의 비전이나 가치 등을 비춰보게 하거나 그것에 담겼다가 다시 들게 한다. 코치의 노력이 깊어지면 고객의 목표는 더욱 확대된다.

☐☐ Q. 그것을 이루고자 하는 절실한 이유가 있다면 이야기해주시겠습니까?

☐☐ Q. 그것이 언제부터 갖고 있던 주제였나요?

☐☐ Q. 그것이 충족되지 못해 대신했던 행동이 있었다면 무엇인가요?

☐☐ Q. 그것이 본인에게는 어떤 의미가 있나요?

☐☐ Q. 그런 목표를 갖고 지내오게 되어 얻은 보상이 있다면 무엇인가요?

☐☐ Q. 그것을 위해 그동안 나름대로 시도해온 것은 무엇인가요?

☐☐ Q. 그것이 정말 본인의 가치와 일치하나요?

☐☐ Q. 소망이 절망이 되기보다는 희망이 되었던 요소가 있다면 무엇인가요?

☐☐ Q. 말씀하시는 자신의 꿈과 이 목표는 어떻게 연결되나요?

☐☐ Q. 그 목표를 위해 홀로 해온 노력이 있다면 이야기해주겠습니까?

 **4. 어려운 목표에 대한 세분화 작업**

> 그 목표를 위해 하지 말아야 할 것은 무엇인가요?
> 그 목표를 위해 반드시 해야 할 것은 무엇인가요?
> 그것을 언제 할 것입니까?

대화의 시작은 간단해도 이야기가 깊어지면 고객이 코치와 나누고자 하는 주제는 코치를 당혹스럽게 할 수 있다. 고객도 힘들지만 코치가 보기에도 어렵고 힘든 목표가 될 수 있다. [1]오래 전부터 품고 있던 자기 꿈이나 소원과 관련된 간절하지만 그렇기 때문에 막연할 수 있는 내용이 대부분이다. 이른바 오래 **감춰두었던 목표**이

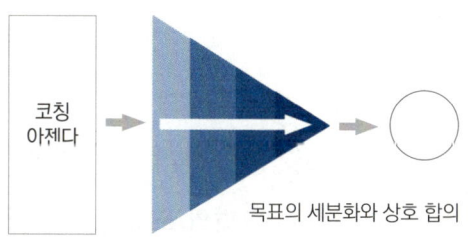

[그림 4.5] 코칭 아젠다와 목표 세분화

다. 아니면 ②코치를 만나기 전부터 매일매일 나름대로 생각하며 시도하고 있거나, 마음은 먹고 있었지만 충분히 진행을 못해 아쉬워하고 있을 수 있다. 이른바 **숙고해온 목표**이다.

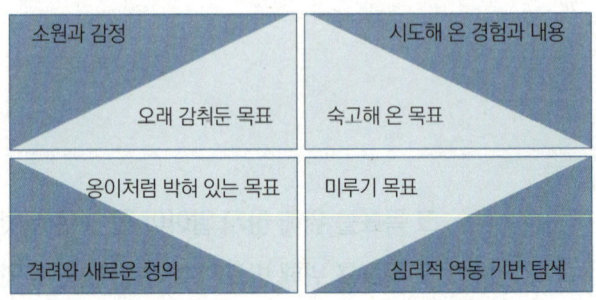

[그림 4.6] 어려운 세션 목표와 코치의 대응

또 고객이 도전하고 싶은 목표나 주제가 ③고치고 싶은 고질적 습관이나 관계와 연결되어 있을 수 있다. 그러나 이제는 삶의 일부가 되어 버린 **옹이처럼 박혀 있는 목표**다. 마지막으로는 ④당장 시급하게 처리해야 할 과제임에도 언제나 시작이나 마무리를 미루고 있는 경우도 있다. 이른바 합리적 지연행동procrastination인 **미루기와 관련된 목표**다.

이렇게 보면 그 목표를 살펴보지 않고 다음 단계인 현실 점검이나 방법을 찾는 논의로 넘어가면 낭패가 될 수 있다. 대화가 진행된다 할지라도 자칫 그 내용은 **고민의 포장지, 인식의 껍질**만을 두드리는 매우 얇은 대화가 될 수 있다. 코치는 고객이 가져온 주제나 목표를 함께 궁금함과 호기심으로 열어 보고 탐색 질문을 제공한다. 또 일정한 방향으로 앞서거니 뒤서거니 하며 함께 나아간다. 함께 트래킹하듯 발걸음도 맞추고, 앞에서 걷거나 뒤에서 걷는 것과 같다. 이때도 필요한 것이 코치의 경청과 질문이다.

☐☐ Q. (조금 궁금하군요.) 좀 더 구체적으로 이야기해주시겠습니까?
☐☐ Q. 혹시 좀 더 상세히 이야기해주실 수 있나요?
☐☐ Q. 그동안 시도했던 것을 이야기해주실 수 있나요?
☐☐ Q. 많은 시도를 했을지 모르겠네요. 해결을 위해 가장 열심히 집중했던 일은 어떤 것이었나요?
☐☐ Q. 지금 다시 살펴볼 때 그것은 시급한 것인가요? 중요한 것인가요?
☐☐ Q. 그렇게 신중하게 검토하시는 이유가 궁금하군요. 조금 이야기해주실 수 있나요?

당연히 오래 **감춰두었던 목표**를 꺼낸다면 코치로서는 소중한 기회이다. 간절함이 너무 앞서 감정이 같이 드러나기도 하고, 그것이 막연하고 모호할 수 있지만 소원과 절실함을 충분히 경청해야 한다. 감정을 충분히 소산消散abreaction하는 과정, 감정을 표현하고, 간직하고 느끼는 일련의 과정과 오래된 소원을 검토하지 않고는 이런 목표를 현실의 코칭 목표나 세션에서 실행 과제로 이어가기가

제4장. 실전 코칭과 GROW-candy 모델

쉽지 않다. 이를 방치하고 대화 방향이 흐를 경우 전체 코칭 방향에도 큰 영향을 받는다.

숙고해온 목표라면 어떻게 해야 하는가? 먼저 고객이 숙고해온 내용과 다양한 시도, 즉 그의 경험을 충분히 듣고 스스로 정리하도록 요청한다. 이미 충분히 검토해온 주제이기 때문에 고객의 생각과 경험이 충분해 이에 기반을 두지만 그 너머까지 같이 가야 할 것이다. 다양한 시도, 숙고해온 과정에는 이미 해결책, 고객의 자원 등이 분명히 있지만 고객은 보지 못한다. 코치는 이를 주목해야 한다.

옹이처럼 박혀 있는 목표라면 사실상 포기하고 참고, 견디고 있는 목표이다. 오래 감춰두었던 목표와 다른 점은 트라우마로 박혀 있는 목표이다. 이런 주제는 오래된 과거 경험이지만 언제든 현재 순간에 일명 고객에게 '습격해 온 과거'에 해당된다. 코치는 절실함과 어려움 속에서도 견디어 온 삶의 동력과 노력을 격려하고, 과거 경험에 대한 새로운 정의를 시도하도록 안내해야 한다. 마지막으로 반복적인 **미루기 목표**라면 이와 관련한 특별한 심리적 역동과 심리 구조에 대한 검토가 불가피하다. 시작을 미루는가 마무리를 미루는가, 미루기 대상이 행동인가 선택인가 등에 따른 섬세한 대응이 필요하다.

위에 열거한 것 외에도 고객이 제기하는 주제와 목표의 특징은 더 열거가 가능하다. 고객은 [5]결과를 확인할 수 없는 매우 허황된 pipe dream 목표나 [6]코칭 주제와 관련이 없는 목표 또 [7]코치가 주제와 관련된 방향과 목표를 안내하고 제안해주길 원하기도 한다.

**이번 대화가 끝났을 때
어떤 결과를 얻으면 만족하시겠습니까?**

목표 관련 대화 가운데 결국 코치가 해야 할 마지막 질문은 위와 같다. 그렇지만 코치는 되도록이면 고객 자신이 하고 싶은 말, 숨겨둔 이야기를 말하게 보장해야 한다. 코치는 고객이 대화하는 동안 충분히 이야기하도록 '선 경청 후 질문'을 실현한다. 코치가 제공하는 경청 공간은 무엇보다 고객에게는 자기 이야기와 생각을 정리하게 해주는 효과가 있고, 새로운 성찰을 촉진한다. 또 코치의 경청 자세가 고객에게 모델이 되는 부수적 효과도 얻게 된다.

   모든 사람은 하고 싶은 말이 있고, 언제나 새로운 시도를 꿈꾼다. 다만 해야만 할 일 should 때문에 이런 것을 무심히 흘려 보내기도 하고, 뒤로 미루거나 미리 포기할 뿐이다. 말을 안 하고 묻어 두던가, 주변 때문에 눈치를 보거나 환경에 압도되어 접어 둔 것이 많다. 그래서 누구든 어떠한 위치에 있는 사람이든 자기만의 **욕망** desire, **필요** needs, **원함** want, **고픔** hunger이 없을 수 없다. 단지 이를 열어 자세히 살펴볼 기회가 없었을 뿐이며, 특별히 누군가 밖에서 관심을 갖고 노크해준 사람이 없었던 것이다. 그래서 코치가 오로지 '듣겠다는 자세'로 질문을 던지면 더욱 자기 자신과 '깊이 있는 접촉'이 가능하다.

☐☐ Q. 저를 만나면 꼭 하려고 했던 이야기/해결하고 싶은 일이 있다면 무엇인가요?
☐☐ Q. 이 시간에 저와 나누고 싶은 이야기가 무엇인가요?
☐☐ SQ. 혹시 좀 더 구체적으로 이야기해주실 수 있나요?
☐☐ Q. 꼭 하고 싶은데 차일 피일 미루고 있는 것 중 지금 다루고 싶은 것이 있다면 무엇인가요?
☐☐ SQ. 그 일이 고객님에게 어떤 의미가 있는 일인가요?
☐☐ Q. 그 일을 이번에 해야 할 특별한 사연이 있다면 무엇인가요?
☐☐ SQ. 말씀을 들으니 어떤 '간절함'이 느껴지는데 어떤 계기가 있었는지 이야기해주실 수 있나요?

하고 싶은 이야기와 꿈꾸던 새로운 시도를 나누는 기쁨은 고객에 한정되지 않는다. 이를 나누는 기쁨은 코치에게도 남다른 경험이다. 고객이 변화와 성장, 즐거움을 위해 스스로 정하고 표현한 이야기와 목표에는 많은 요인들이 숨겨져 있다. 욕망, 필요, 원함, 고품 등은 자기만의 **꿈**이나 **비전**, **가치**, 자기가 부여한 **의미**와 감춰 두었던 **소망** 등과 거미줄 같이 연결되어 있다. 또 이렇게 긍정적인 것만 있는 것도 아니다. 잊지 못할 **좌절**과 별안간 습격하듯 밀려오는 과거의 **회한**이나 **사건 기억**, 눌러 두었던 부정적 **감정**,

용서가 안 되는 **증오** 등이 눈물과 함께 켜켜이 쌓여있기 마련이다.

□□ Q. 꼭 해야만 하는 것should을 내려 놓으면 그 주제는 어떻게 달라지나요?
□□ Q. 진정한 원함을 중심에 놓고 다시 이야기해주겠습니까?
□□ Q. 그것이 이 시점에서 꼭 필요한 이유는 무엇인가요?
□□ Q. 그것이 당신의 꿈과는 어떤 관련이 있나요?
□□ Q. 그렇게 어려운 상황에서도 목표를 추구하는 절실함에 대해 좀 더 알고 싶네요.

목표 단계에서 고객이 던지는 이야기나 주제, 목표 등을 단번에 받아 안기보다는 주제와 관련한 '추가 질문'을 제공한다면 세션 목표를 명확히 하는 데에 도움이 된다. 고객의 **간절함**과 **절실함**에 귀 기울이는 것은 코치의 몫이다. 고객은 코치를 만나 이야기를 꺼내지만, 코치의 반응을 살피며, 또는 이야기하면서 코치에게 반응하는 자기 자신을 살피면서 이야기 내용과 수준을 바꾸기 마련이다. 생략과 첨가, 변형, 그리고 감정을 조절하면서 말을 하기 마련이다.

할 말 없다, 모르겠다는 고객

때로는 특별히 하고 싶은 이야기가 없다거나, 하고 싶은 것도 없고 모르겠다고 반응할 수 있다. 그렇지만 이런 경우는 ①코치를 아직 신뢰하지 못하거나 ②이런 저런 자신의 속마음을 꺼내본 적이 없어 익숙하지 않거나 ③너무 깊이 묻혀 있어서 시간이 걸릴 뿐이다. 또 ④현재 무슨 이유에서든 낙담하고 있어서 힘든 상태이기에 오히려 다른 내용을 이야기할 수 있다. 아래 예시는 어느 청소년 고객과 나눴던 대화의 일부이다.

어느 청소년 고객과의 짧은 대화

고객: 모르겠어요! 생각해본 적 없어요.
코치: (침묵) 모르겠다는 말이 무슨 의미인지 모르겠군요.
고객: 알면 다친다는 의미지요…….
코치: ㅎㅎ 또 다른 의미도 있을 법하네…….
고객: ㅠㅠ 아마 …… 말하기 싫다는…….
코치: 그렇다면 몰라도 된다는……. 의미도 있겠네.
고객: 상대와 이야기하기 싫다는 의미가 더 크겠지요!
코치: 그렇다면, 꺼져라! 그런 의미도 있겠네…….
고객: 됐거든요……?
코치: ㅋㅋ 그래. 그런 의미도 있겠네. 그렇다면 이번에 말한 '모르겠다'는 대답은 어떤 의미인가요?
고객: …….

 **5. 목표 재조정과 재설정**

세션 목표가 실종되거나 엉뚱한 방향으로 흘러 갔다면 어떻게 해야 하나? 망쳤다는 말풍선이 코치에게 올라왔다. 그러나 서두를 필요는 없다. 코치는 조금 천천히 경청하고 기다린다. 때로는 공감과 적절한 격려를 통해 눈맞추고 같이 호흡하며, 리듬을 같이 한다. 세션 목표는 반복해 다시 설정해도 무방하다. 언제든 조금씩 재조정하고 재확인해도 된다. 코치에게로 목표의 재설정과 조정이 필요하면 오히려 고객에게 요청하고 재확인하는 것이 더 바람직하다.

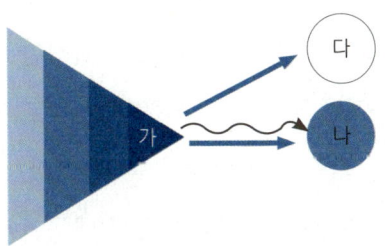

[그림 4.7] 세션 목표의 재조정

☐☐ Q. 지금까지 이야기를 바탕으로 우리 목표를 조정해보시겠습니까?

☐☐ Q. 세션이 끝나고 이루고자 하는 결과를 다시 한 번 정리해주시겠습니까?

☐☐ Q. 음……. 그렇다면 우리 목표를 조금 조정해도 될까요?

☐☐ Q. 그것이 진정 원하는 결과군요. 그렇다면 과감하게 다시 정리하시겠습니까?

☐☐ Q. 다른 말로 표현하면 어떻게 될까요?

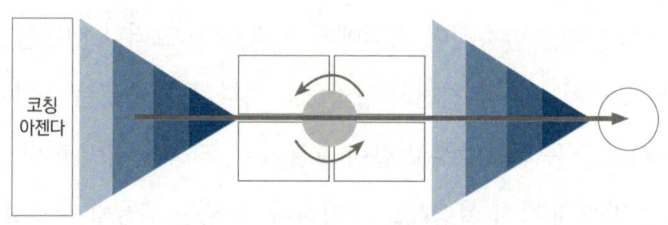

[그림 4.8] 목표 재설정을 위한 탐색

세션 목표는 언제든 뒤집어 다시 설정할 수 있다. 이를 이미지로 그려 보면 위 [그림 4.8]과 같다. 목표를 설정한 이후에도 현실 단계를 검토하는 과정에서 다시 구체화되고, 갖고 있던 고객의 기대가 더 분명해지면 목표 설정을 다시 할 수 있다. 고객이 코칭을 통해 이루고자 하는 기대가 변화될 수 있기 때문이다.

기대는 낮추고 기여는 높인다.

우리는 스스로 자신의 기대期待 관리 expectation management가 필요하다. 대화 과정에서 코치는 타인에 대한 '기대는 낮추고, 그에 대한 기여寄與 contribution는 높인다'는 삶의 기준이 고객에게 영향을 주기도 한다. 고객이 버거운 과제로 난관에 부딪혀 있다면 특히 기대를 작은 조각으로 세분화한다. 큰 기대가 갈등과 불화의 원인이 되기 때문이다.

☐☐ Q. 지금까지 검토한 내용을 바탕으로 목표를 다시 설정하면 어떻게 될까요?
☐☐ Q. 아까 우리가 합의한 목표로부터 너무 많이 온 것 같은데 혹시 정리가 필요하신가요?
☐☐ Q. 지금 이야기한 것이 처음에 기대한 것과 어느 정도 차이가 있는지 정리해보겠습니까?
☐☐ Q. 목표를 다시 설정해도 괜찮습니다. 한 번 다시 설정해 보겠습니까?
☐☐ Q. 지금 우리가 하는 이야기가 본인이 처음 의도한 것과 맞나요?

 **6. 현실 살펴보기와 자원 발굴**

고객이 의도적으로 생략하지 않는 한 고객이 설명하는 현실 상황에서 사건과 사람이 차지하는 비중이 크다. 또 고객이 설명하는 **사건 경험**은 긍정적인가 부정적인가, 성공인가 실패인가 여부로 뚜렷하게 어느 한쪽으로 기울어져 있기 마련이다. 코치가 이를 재검토하게 하는 일은 쉽지 않다. 대체로 경험과 감정이 결합되어 세월 속에서 신념화되어 있기 때문이다. 그러나 이것을 재검토하고 교훈을 찾게 되면 의외로 자원 발굴의 길이 열린다.

또 누구든 상하 좌우 대인 관계에서 어떤 특별한 방향의 인간관계에서 일정한 강점과 취약점을 갖고 있으며 이런 대인 **관계 패턴**은 다소 고정되어 있다. 이는 고객 삶의 다른 영역에 보이지 않게 크게 영향을 준다. 현실을 점검하며 고객 자신과 주요 관계자가 어떤 패턴인지 코치와 함께 성찰하는 기회는 고객의 삶 모든 과정을 성찰하게 하고 자연스럽게 자각 인식으로 연결되기 된다.

고객이 여러 가지 설명하고 보고하는 주장은 주관적이며 자기만의 인식의 사슬, 개인적 신념이 전제되어 있다. 코치는 고객이 갖고 있는 신념 체계에 언제나 도전한다. 또 고정된 인식의 사슬과 이야기 구조는 마치 인생 대본처럼 반복해 읊조리게 된다. 인생 대본 자체를 다시 쓰고 새로운 인생 대본을 구성하지 않으면 새로운 변화된 삶은 어렵다. 이 과정이 곧 새로운 현실을 창조하는 것이요, 새로운 삶reliveing을 가능하게 하는 길이다.

인생 대본을 수정하는 작업은 필연적으로 고객의 과거를 이야기하고 탐색하게 된다. 이때 코치는 고객의 자원과 감춰진 잠재력을 탐색하기 위해 과거로 함께 간다. 이른바 보물을 발견하기 위해 탐색하는 고고학자와 같다. **고고학자로서의 코치**coach as an archaeologist는 한번의 입맞춤을 위해 천 번의 붓질(이건무 외, 2009)을 마다하지 않는다. 고고학자의 눈에 진실은 유물에 있다. 코치에게 진실은 감정으로 포장되어 있다.

고객이 현실 상황을 이야기할 때 내면의 감정이나 감정으로 둘러 싸인 의도를 (섞어서) 이야기할 수 있다. [1]코치는 고객이 지금 이야기하고자 하는 것이 현재 자신이 느끼고 있는 감정인지 의도인지를 먼저 분명하게 구별할 것을 요청한다. 감정은 지금 현재 몸으로 느끼는 신체 현상으로 드러난다. 몸으로 경험되는 감정을 정확하게 표현하기 위해서는 적합한 감정 단어가 다양하게 필요하다. ②감정을 빼고, 또는 고객의 감정을 고려한 내면의 의도를 명확히 말로 '구분해' 표현하게 한다. 의도는 명료할수록 좋다. 이런 과정에서 ③고객이 자신의 의도를 표현하는 것, 관련된 새로운 표현, 언어화를 코치는 지원한다. 새로운 표현은 고객의 상상력을 확대한다. ④과거 느끼지 않고 억압해둔 감정은 기억과 함께 남아 있는 감정기억이다. 비슷한 사건을 다시 경험하면 (비슷한) 감정이 올라와 휘말린다. 또 그 속에는 말하지 못하고, 피지 못한 의도가 숨겨져 있다. 코치는 이것을 분석하려 하기보다는 이것을 서로 구별, 분별distinction하게 한다.

☐☐ Q. 그 감정이 지금도 똑같이 느껴지나요?

☐☐   SQ. 지금의 감정은 어떻게 다른가요? 조금 더 정확하게 표현해주시겠습니까?

☐☐ Q. 힘드셨겠네요. 그 때 기억을 조금 더 자세하게 이야기해주시겠습니까?

☐☐ Q. 그때 하고자 했던 생각/말은 어떤 것이었나요?

☐☐ Q. 그 감정 안에 숨겨져 있던 사실은 무엇이었나요?

☐☐ Q. 감정을 빼고/감안해서, 하고 싶은 의도/생각을 다시 한 번 표현해보겠습니까?

☐☐ Q. 지금도 같은 생각/의도인가요?

현재로 습격해 오는 과거, 현재를 방해하는 미래

고객이 미래를 이야기하면 반드시 현실에 서서 미래를 다시 이야기하게 하고 구체적으로 묘사하도록 권한다. 고객이 과거를 이야기하면 그 이야기 속에서 고객의 자원을 탐색하지만, 미래를 이야기한다면 오히려 현재에 서서 미래를 구체화하게 한다. 현재에 출현하는 과거가 있듯이 현재를 유보하고 현재와 '무관하게 방해'하는 미래가 있을 수 있다. 코치는 고객이 그리는 미래를 비전으로 함께 설계해 낸다. 비전과 사명으로 구성되지 않는 미래는 뿌리 없는 그림이고 현재를 방해할 수 있다.

고객이 말로 표현하는 자신과 경험에 대한 이야기 속에는 변화와 발전을 위한 방법을 찾을 수 있는 보물 창고이다. 코치가 고객의 경험을 소중하게 여기고 다가갈 때 고객 역시 자신의 경험을 신뢰하고 다시 살펴보게 되며, 자기 경험에서 찾아진 방법을 소중하게 여긴다. 이는 코치가 코칭 여정 전 과정을 위해 필요한 코칭 기획에도 적용해야 할 원칙이기도 하다. 고객의 과거-현재-미래 전체에 대한 이런 자세를 견지하지 않으면 고객은 코치에게 해답과 방법을 의존하게 된다. 코치가 고객의 이런 의도에 휘말리거나 공모하게 되면 결국 코치의 포지션이 흔들리거나 함정에 빠진다. 코치가 선생이 되거나, 부모 역할을 떠맡게 되거나, 고객의 보좌관으로 활용하거나 쓰레기통으로 간주된다.

코치의 발걸음

고객 현실 탐색 단계에서부터 코치가 향하는 방향, 초점, 이를 위한 질문 방향을 정리하면 다음과 같다.

① 되도록 객관적인 위치에서 밖에서 안으로 천천히 들어간다. 그렇지만 허용하는 만큼 안으로 한 발짝씩 들어간다.
② 되도록 모든 영역을 다루어야 한다. 4분면을 활용한 순환적 접근이 좋다.
③ 고객과 합의한 세션 목표와 현실 조건과 관련한 차이를 드러내고 지금-여기에서 보면 어떤지를 확인한다.
④ '지금-여기'에 서서 오로지 고객 자신만의 주체적인 생각을 분명히 표현하게 한다(생각, 감정, 몸, 소원과 요구 등).
⑤ 긍정적 요인/부정적 요인, 더 할 것과 덜 할 것, 과거-미래 등 서로 상반되는 것을 놓치지 않는다.
⑥ 향후 도달해 있는 지점은 어디인가? 비전, 가치, 최후 목표, 포부 등 고객이 상정 가능한 시각/인식 지평의 끝을 재확인한다. 언어의 한계가 상상력의 한계라는 점에서 분명하게 언어화한다.
⑦ 특별히 생각하는 장애물이 있다면 이를 걸림돌이 아니라 활용할 디딤돌로의 전환을 함께 탐색한다.
⑧ 일터, 생활, 내면 세계와 달리 코칭 세션과 코칭 관계를 충분한

안전지대 comfort zone 로 경험해야 한다.

코칭 대화에서 현실 단계를 다룰 때, 세션 목표를 세분화할 때와 마찬가지로 어디서부터 시작할지 막연할 수 있다. 고객의 대답을 감안해도 어느 영역이 주된 영역이 될지 예측하기 어렵다. 마찬가지다. 먼저 고객의 반응을 알아야 한다. 고객은 목표 성취를 둘러싼 현실에 대해 고민을 가장 많이 했으며, '자신의 문제에 관해서는 **고객 자신이 전문가**'라는 사실을 주목하고 인정해야 한다. 현실을 충분히 이야기하도록 지원한다.

☐☐ Q. 지금은 목표에 비해 몇 % 도달했다고 생각하고 있는가?
☐☐ Q. 지금 문제라고 생각하는 것이 있다면 그것은 무엇인가요?
☐☐ Q. 목표 달성을 위해 넘어야 할 장애물이 있다면 무엇이라 생각하십니까?
☐☐ Q. 지금 그 목표를 위해 정확하게 잘하고 있는 것이 있다면 무엇인가요?
☐☐ Q. 당신이 해야 할 과제가 문제인가요? 과제를 둘러싼 상황을 이야기해주실 수 있나요?
☐☐ Q. 멈춰 서 있는 지점이 어디라고 생각하시나요?
☐☐ Q. 지금 현재를 1이라 하고 목표 달성을 10이라 한다면 지금 어느 위치에 있다고 생각하나요?

☐☐ Q. 목표 달성에서 가장 힘이 되는 사람/조건이 있다면 누구/무엇인가요?

☐☐ Q. 집과 직장 두 군데서 더 잘되는/안 되는 점이 있다면 무엇인가요?

☐☐ Q. 그것이 사실인가요? 판단인가요?

☐☐ Q. 말씀하신 것에 긍정적/부정적 측면을 검토한다면 어떤 점이 있을까요?

고객 현실에 대해 의심疑心은 버리고, 의문과 호기심이 이끄는 대로 필요한 질문을 한다. 불가피하게 코치의 질문이 고객보다 앞선다 할지라도 곧 '선先 경청 후後 질문'으로 슬그머니 바꾸어야 한다. 코치의 질문이 고객 앞에 제시되어 고객이 질문에 따라 이야기하기보다는 질문이 뒤를 따르는 것이다.

현실 탐색에서는 더욱 그렇다. 투수가 던지는 볼을 포수가 받듯이 코치의 질문은 오직 이를 받아 대답하는 고객의 것이다. 그가 이해하고 필요한 만큼, 자기가 필요한 만큼만 드러낸다. 이것은 자연스러운 것이다. 누구든 보복당하거나 판단받기를 원하지 않는다. 코치에게 판단을 요구하기 위해 스스로 드러낸다 할지라도 고객 자신이 필요한 만큼 선택하여 보여주기는 마찬가지다. 무의식적 방어기제에서 자유로운 사람은 결코 없다. 코치의 질문이 짐작과 판단, 조언이나 충고, 대답 방향 등으로 오염되어서는 결코 안 된다. 저항을 불러오기 때문이다. 고객이 처한 현실을 있는 그대로 노출하게 하려면 오염되지 않은 질문이 더욱 중요하다.

 **7. 다양한 선택에 활용되는 주술 바퀴의 비밀**

현실 점검의 이미지가 4분면인 이유가 우주와 같이 현실의 모든 전체를 포괄한다는 의미였다면, 다양한 선택방안 단계에서 활용하는 8개 조각을 하나의 밸런스 휠을 나타내는 원 이미지로 표현하는 의미는 무엇인가? 비키 브록Vikki Brick(2014)은 코칭에 영향을 준 다양한 철학을 언급하면서 아프리카 철학과 북아메리카 원주민의 철학을 지적한다. 이들의 영성 철학은 삶의 순환, 배움을 위한 최적의 상황을 우리 본성의 육체적, 정신적, 감정적, 영적 측면의 균형에서 찾는다.

이를 잘 표현한 상징이 주술 바퀴medicine wheel로 비전 탐구 등에 사용되는 신싱한 원을 든다. 인디언의 영성 철학에서는 이러한 바퀴 상징은 의미를 대신하고 이를 통해 자연과 인생의 충만함을 추구하는 거울로 활용해왔다.

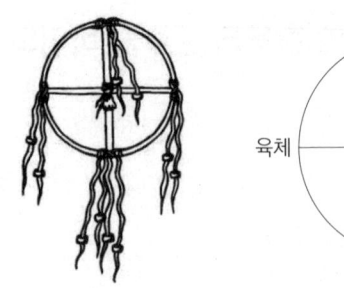

[그림 4.9] 주술 바퀴와 상징

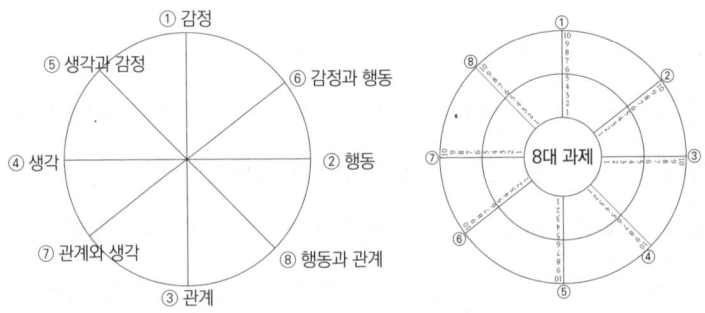

[그림 4.10] 여덟 가지 접근 지점

주술 바퀴는 거의 모든 남북 아메리카 원주민들이 사용해온 오래된 상징이다. 네 방향의 네 가지 요소는 자연과 우주, 공동체와 개인 등 비춰 보는 대상에 따라 다양하다. 백인-흑인-홍인-황인, 불-물-흙-공기, 정신-육체-정서-영성, 전체성-성장-양육-보호 등을 열거할 수 있다. 또 자연 사계절과 인생 주기, 삶의 성장 과정을 표현한다. 모든 것이 서로 연결되어 있고 순환한다는 점과 모든 사람은 성장하고 변화할 능력을 지니고 있다는 의미이다. 한 사람의 정체성은 몸 알아차림-자아관-자기 존중-자기 결단으로 이루어졌다고 하며 위와 같은 상징을 활용한다(필 레인 주니어, 1984).

이런 인디언 영성 철학에서 온 주술 바퀴는 자신의 가능성을 어떻게 다루는지 보여주고 나선형적 발전을 의미하기에 코칭에서도 일찍부터 활용해 왔다. 비전 개발, 일과 생활의 균형work & life wheel을 점검하는 워크시트도 그 하나다. GROW-candy 모델에서는 다양한 선택지 만들기 단계에서 이런 주술의 바퀴가 갖는 순환적 발전과 상호 연결성 안에서 선택지를 만들어갈 것을 강조하기 위해 바퀴 이미지를 활용한다.

활용 예의 하나로 감정-관계-생각-행동을 네 축으로 하고 이를 연결해서 두 가지를 혼용하여 네 가지를 추가해 여덟 가지 선택지를 만들 수 있다. 물론 [그림 4.10]과 같이 기존 여덟 가지 항목을 코치가 자유롭게 항목을 정해도 된다.

☐☐ Q. (현실 점검에서 드러난) 감정을 배제하고 할 수 있는 방안은 무엇일까요?
☐☐ Q. 시기심을 인성하고 정말 나만을 위한다면 무엇을 할 수 있을까요?
☐☐ Q. 관계 발전을 위해 양보한다면 무엇을 더 할 수 있을까요?

□□ Q. 모든 관계를 전혀 고려하지 않고 생각한다면 할 수 있는 일이 무엇일까요?

□□ Q. 지금까지 나눈 대화를 근거로 새롭게 드는 생각은 무엇인가요?

□□ SQ. 새롭게 정리된 생각으로 새로운 방안을 이야기해본다면?

□□ Q. 긍정적 생각과 감정으로 다시 살펴보면 무엇을 더 할 수 있을까요?

□□ Q. 그런 생각에 긍정적 감정을 더해 홀가분하게 검토해보시겠습니까?

□□ Q. 그 행동을 방해하는 감정을 고려하지 않으면 어떤 실천을 더 하실 건가요?

□□ Q. 감정과 행동 두 가지 모두를 고려한다면 어떤 방안이 있을까요?

□□ Q. 그 사람들과의 관계를 고려해 더 시도해야 할 실천 과제가 있다면 무엇인가요?

□□ Q. 관계를 살리기 위해 새롭게 추가해야 할 행동이 있다면 무엇인가요?

□□ Q. 관계 발전을 방해하는 당신의 생각이 있다면 무엇인가요?

코칭 대화가 깊어질수록 코치는 고객의 다양한 반응에 적잖이 어려움을 겪게 된다. 현실 점검 단계에서는 감춰둔 과거의 경험이나 불안이 올라올 수 있다. 실행을 위한 대안을 검토하는 단계에서도 고객은 미리 주저와 저항, 때로는 방어기제를 다양하게 드러낼 수 있다. 코칭 계약 기간 전체를 볼 때 초기와 중반기에 더 분명하게 드러날 수 있다. 자신의 주저와 저항 또는 부족한 실행 등을 원론적인 비판 또는 점잖은 비평으로 대치하는 사람도 있다. 고객이 즐겨 나타내는 반응에는 여러 가지가 있다.

A. 의미 자체가 이상하지 않나요?
A. 말이 너무 어려워요? 코칭에도 그런 게 있나요?
A. 주변이 정말 복잡하기 이를데 없어서, 좀 현실과 안 맞는 것 같네요.
A. 제가 참 문제가 많지요. 힘드실 것 같아 미안하네요.

코치와 함께 다양한 선택지를 찾는 과정에서 고객은 [1]변화에 대한 자신의 주저함과 저항, 남들은 모르는 의외의 게으름sloth, 나태 acedia, 권태감을 발견하기도 한다. 물론 [2]생각하지 못했던 방법을 찾으며 스스로 감탄하고 잠자던 자신의 잠재력도 깨우게 된다. 선택지를 함께 만드는 공동 창조 과정에서 '문제'에 대한 관점이 바뀌고 부정적 의식이나 자신 없음을 놓아낼 수 있다. 무엇보다도 자신의 [3]강점을 키우고 의욕도 높일 수 있다. 코치는 고객이 갖고 있는 내면의 실행력, 도전, 긍정성을 확대하면서, 되도록이면 도우면서, 다양하고 가볍고, 즐겁게 찾아보도록 지속적으로 자극한다. 하지만 다양한 해결책을 모색하고 논의하는 단계에서도 의외의 어려움에 봉착할 수 있다.

 **8. 실행을 둘러싼 어려움**

코치도 못하는 일을 시도하는 고객

경우에 따라서는 코치도 용기가 없어 하지 못하는 일을 고객이 하겠다고 목소리를 높일 수 있다. 이때 코치는 어떻게 해야 하는가? 코치에게 고무된 에너지와 의욕에 의해 무모한 이야기를 할 수 있고, 진정한 깨우침과 의욕으로 도전하고자 용기를 내는 경우이다. 고객이 목소리만 높이는 경우 이는 코치로서는 다음 단계 실제 실행 과제를 결정할 때 대처할 수 있는 기회가 있다. 하지만 코치는 자신이 할 수 없는 일, 생각과 상상, 의욕을 뛰어 넘는 일이라고 해서 코치 스스로 두려워 고객의 도전과 의욕을 제한할 수 있다. 이때 코치가 말풍선을 만들어 속으로 '왜 이러지? 진짜 할 수 있나? 아니 그걸 어떻게……' 등을 떠올린다. 아마 경우에 따라서는 코치의 말풍선만으로도 고객은 영향을 받는다.

이 경우 코치가 감수할 수 있는 영역과 한계 안으로 고객이 시도하도록 고객을 제한해서는 안 된다. 심지어 세대 차이를 지닌 청소년 고객에게도 마찬가지다. 이를 두고 토마스 레너드(2009)는 이를 코치가 하지 말아야 할 실수 중 하나라고 지적한다.

> 당신이 X를 한 적이 없거나 X를 하기 겁내는데 고객에게 X하라고 요청하는 것이 조금 이상할 수 있다. 그러나 코칭은 고객에 관한 것이지 코치에 관한 것이 아니며, 코치가 할 수 있는 것이거나 할 수 없는 것에 관한 것이 아니다. 만약 트레이너나 코칭스쿨에서 코치들을 훈련시킬 때 자신들이 할 수 있는 것 이상(그것보다 큰 것)을 고객에게 요청하지 말라고 가르친다면, 그런 암시 등은 잘못된 것이다.
>
> 물론 코치의 인생에도 감당하고 싶지 않은 것이 있고, 무엇이든 하고 싶지 않은 어떤 이유를 갖고 있을 수 있다. 두려움, 하고 싶지 않거나 unwillingness, 게으름, 재능 부족, 자존감 한계 등이 그것이다.
>
> 그러나 왜 고객의 성공을 내 자신의 한계 안에 제한을 두려고 하는가? 고객에게 유익하다면 코치는 고객이 2X, 3X으로 시도하도록 해도 상관없다. 이런 시도는 코치의 의지와 능력과는 관련이 없다.

How to you coach Anyone(17) a client to do things you don't have the courage to do yourself?

코치의 말풍선은 고객도 듣고 알아차린다. 코치 역시 고객의 표정과 말투, 경청과 공감을 하고 있다면 고객의 말풍선이 들리는 것과 같다. 거대한 목표와 의도, 도전 안에 있는 고객의 목소리와 메시지에 코치는 주목해야 한다.

실행은 유보하고 생각만 하는 고객

또 행동을 하지 않거나 할 수 없고 오직 생각만 하는thinker 고객이라면 어떻게 할 것인가? 이런 경우 고객은 오로지 자신이 해야 할 방안을 알아보거나 나열하는 데에 그친다. 코치에게서 자신이 생각하지 못했던 방안이나 활용할 만한 정답이 나오기 만을 기다리는 경우다. 코치나 코칭을 마치 정답 자판기 활용하듯 대하는 태도다. 자신은 코치하고 이야기했다. 물론 비용도 지불했다. 자신도 여전히 노력하지만 코치 안에서(지혜의 자판기 안에서) 무엇인가 나와야 한다. 이런 심리이다. 심지어 코치 내면으로 들어가 훔치고자 눈을 번뜩인다.

이런 고객에게 어떻게 대처할 것인가? 이런 사람은 인생과 성공, 변화에 대해 이해하지만 실제로 행동하지 않거나 적용하지 못하는 사람이다. 이런 상황에 직면할 때 우선 코치도 실망하기 쉽다. 이들은 자신이 이야기하는 것을 단지 알고만 있다. 하지만 알고 있는 것과 성공을 위해 시도하는 것, 되는 것 사이에 심각한 단절이 있다. 지혜, 가능성, 앎과 통찰의 세계 안에 머물면서도 뜬구름 대하듯 하거나 상상으로만 맛보며 살고 있을 뿐 전혀 실행하지 않는다. 그러므로 아무것도 일어나지 않는다. 이런 경우 코치도 정말 코칭하기 어렵고 코칭하려 해도 쉽게 실패하게 된다.

토마스 레너드(2009, no.44)는 이런 유형의 고객에 대해 무엇이 이들의 생각과 실행 사이를 단절disconnect하게 했는지 다음과 같이 정리한다.

첫째로 생각과 가능성의 세계에서 사는 것을 즐기는 사람이다. 이들은 간접 경험을 즐기고 대리 인생을 살며 결코 누군가를 리드하거나 목표에 먼저 도달하지 않는다. 하지만 이것이 과연 잘못된 것일까? 결코 잘못된 것은 아니다. 그저 그렇다는 것이다. 변화를 위한 행동은 모든 사람을 위한 것도 아니고 모든 사람에게 일어나는 것도 아니기 때문이다.

다음으로는 너무 많이 알고 있기 때문에 (행동을 안 하니) 잘못될 여지가 없는 사람이다. 이 사람들은 책을 통해 배우고 분석과 생각에 근거해 결론을 도출한다. 겨우 현실 세계 안에서 테스트할 뿐이고 더는 나아가지 않는다. 현실에 대해 미리 정보로 알고만 있고, 현실이 도출해 낼 결과를 재앙으로 간주한다. 모든 일을 큰일 날 일로만 보는 '이크eek!' 반응이다. 그래서 생각만 하는 단계에 머물러 있게 된다. 이런 사람은 지금 그대로가 그저 모든 것이 다 행복할 따름이다. '이렇게 살다 죽겠다. 내 버려 둬라' 식이다. 실행과 결과에 관심이 없기 때문에······.

셋째로 이런 사람들은 자신이 알고 있는 것을 꼭 사용하거나 활용해야 할 설득력 있는 이유가 특별히 없다. 억지로 뭔가를 할 이유가 없으니 그냥 있을 뿐이다. 또 실행할 기회를 우연히라도 만나지 못한 것일 뿐이다. 실제로 누구든 안다고 억지로 할 이유가 없기 때문이다. 다른 한편으로는 **기회 개발의 민감성**이 부족할 수 있다. 기회를 발견하지 못하거나 보지 않기 때문이다. 기회 개발 opportunity development은 코칭의 주요 영역 가운데 하나이다.

넷째로 이런 사람들은 무엇인가 새롭게 출발할 만한 외부 지원을 받지 못했거나 어떤 촉매제를 경험해보지 못했다. 점화 스위치를 눌러주거나 누군가가 밀어줄 사람이 필요하다. 정지에서 출발은 더 많은 힘이 필요하다. **촉진자로서의 코치**는 이런 사람을 위해 동기를 점화하거나 출발하는 힘을 끌어낼 수 있도록 가치를 강화하고 확대한다.

> **깊은데 마음을 열고 들으면 개가 짖어도 법문이다.**
> (개소리. 화가 이철수. 박원웅, 2011에서 재인용)

다섯째, 생각의 세계 안에서 자신을 표현하는 마음 여행자 mind tripper 이다. 많은 지식 때문에 변비에 걸려 있고, 생활 경험에서 오는 즐거움과 긴장, 상식이 충분하지 않다. 생활이 위축되고 생각만이 유일한 배출구이다. 코치가 고객 마음의 세계에 들어갈 수 있게 허락 받을 수 있어야 한다. 안에서 문고리를 잡고 있으면 도리가 없다. 마음을 열고 마음먹기를 함께 하는 데서 시작할 수 있다.

마지막으로 사람들이 아직 자신 안의 회로를 배선 중에 있는 경우다. 우리는 전체적으로 뇌 생각-학습 시스템, 개인적 작동 시스템, 태도, 정체성, 환경 등 그 이상으로 배선을 다시 하게 된다. 새로운 시각이 새로운 자각과 새로운 행동으로까지 나오는 데에 오래 걸리기 마련이다. 배선 프로세스 후 사람들은 결국 그들 고유의 한 걸음을 내딛는 것을 발견할 것이다. 생각이 많다는 것은 진행을 위한 첫 페이지이고 단지 워밍업일 뿐이다. 코치가 고객에게 적합한 **배움과 변화의 안전 속도**를 중시하는 것도 이런 이유에서다.

이런 많은 이유 가운데 한두 가지로 고객은 현실 점검-충분한 대안 등 두 단계를 마음속으로 오고 갈 수 있고 실행을 유보한다.

이쯤 되면 코치 역시 이와 타협하거나 적당히 머물며 공모할 수 있다. 고객의 주저와 저항에 호응하고 맞춰서 진행하는 것인가? 아니면 코치가 지닌 특성이나 한계에 머물고 마는 것인가? 코치의 타협과 공모 가능성은 코치가 지닌 미해결 과제와 같이 섞여 쉽게 알 수 없게 된다. 코치의 깊은 성찰과 셀프 코칭, 코칭 수퍼바이저와 함께 하는 코칭 수퍼비전 관계 안에서 검토할 일이다. 하지만 해결의 길이 전혀 없는 것은 아니다. 바로 코치가 한 발 더 들어가기 위한 헌신과 노력이다.

> 얘야. 네가 살면서 걸어야 할 가장 먼 길은 네 머리에서 네 가슴으로 가는 성스러운 여정이란다. 우리 앞에 벌어지는 절박한 문제들은 머리만으로는 절대 풀 수 없단다. 머리로 한 문제를 풀면 열 문제가 생기거든…….
>
> (필 레인 주니어의 할아버지가 해준 말씀)

『신성한 나무-아메리카 원주민의 영성 생활 지침』 필레인 주니어 외, 이현주 역

   북아메리카 인디언 할아버지가 손자에게 해준 이야기처럼, 머리에서 가슴까지 가장 먼 길을 코치가 함께 동행하지 않으면 모든 일이 생각 수준에 멈추게 된다. 사실 방법이 문제라면, 문제 해결의 모든 방법은 인터넷과 자기개발서에 나와있다. 하지만 그 어떤 것도 고객 자신의 가슴에 와 닿지 않으면 멀리 있는 그림일 뿐이다. 또 고객이 스스로 잘 나가다가 잠시 멈춰 정차停車하고 있거나 한동안 주차장에 머물러 주차해 있는 것이라면 코치는 더 섬세하게 접근해야 할 것이다. 고객 인생의 긴 여정 중에 짧은 기간 코치와 만나는 기간이 코칭 계약 기간이고, 코칭 세션 순간이다.

   또 어떤 의미에서는 몰라서 못하는 것이 아니다. ①이미 알고 있지만 못했던 것, ②이미 알고 있지만 코치와 함께 검토하니 정말 될 것 같은 것, ③정말 몰랐지만 코치와 나누니 손쉽게 될 듯한 것, ④전혀 해보지 못한 것을 새로 발견해 한 번 해보고 싶은 것, 코치와 고객이 찾아야 할 선택지는 이런 것이다. 이런 것을 충분히 최선을 다해 마련하는 것, 그것이 이 단계의 일이다.

선택 방안을 결정하고 실행을 앞둔 이 단계는 머리에서 꺼내 가슴으로 버무린 것이어야 하지 않을까. 생각만 해도 가슴이 뛰고, 결과가 연상되어 눈물을 참아야 하는 그런 선택 방안이어야 할 것이다. 코치는 여러 가지 선택 방안 가운데 한두 가지만이라도 그런 것을 찾아내야 한다.

> 와! 좋은 생각이군요. 한 가지만 더 찾아 볼까요?
> 그럼에도 불구하고 해결할 수 있는 방법을 더 생각해 본다면?
> 만약 ~하다면 What if~

코치의 조심스런 감탄은 두 사람의 의기투합을 촉진한다. 가장 교과서적인 대응은 고객이 어렵게 꺼냈거나, 한 번 해보고 싶은 도전을 위해 제기한 것에 코치가 함께 하며, 적극적으로 제기하는 방식이다. '와! 매우 좋은 생각입니다. 한 가지만 더 찾아볼까요?' 또 한 가지가 있다면 마술언어 magic word '그럼에도 불구하고'라는 주문을 들어 제기한다. '그럼에도 불구하고 해결할 수 있는 방법을 생각해 본다면?' 그리고 고객에 대한 지지와 격려를 적극 제기하며 최소 세 가지 이상 더 찾아보게 하는 방법이다.

'만약'의 세계로의 초대

이때 고객이 생각해 낸 첫 번째 방법을 갖고 코칭을 이어나가는 것은 너무 안이한 반응이다. 최소한 서로 예상 밖의 해결책을 찾아야 할 것이고 흔한 예상을 깨고 넘을 수 있는 해결책을 찾아야 할 것이다. 마지막 마술언어는 만약~하다면What if~을 활용한 질문이다. 만약 좀 더 시간이 있다면, 만약 당신이 사장이었다면, 만약 알라딘 요술램프에게 물어 본다면 등등. 실천 가능하고 선택 가능한 방안을 되도록 많이 만들어 대답을 찾아보기도 한다.

고객이 간혹 여러 가지 해결을 위한 선택지를 받아 적는 데에 신경을 쓴다면, 그것보다는 상상과 연상에 집중하도록 권유하고 코치가 메모해서 공유하는 방식이 더 좋다. 아이디어가 막히면 그동안 머물러 왔던 생각 상자 밖으로 나와 생각해보거나 건너편, 또는 위에서 볼 수 있게 상황을 바꿔서 질문을 해본다. 코치가 아이디어를 보태고 싶다면, 두 사람이 서로 번갈아 가며 하나씩 내게 하는 아이디어 게임을 하는 재치도 필요하다. 그렇지 않다면 고객의 아이디어가 고갈되는 순간까지 부드럽게 밀고 나가거나 기다려보는 것도 한 방법이다.

고객 자신의 아이디어일수록 실행에 적극적이고 성공 가능성을 높일 수 있다. 코치가 해결책의 일부라도 던지게 되면 실행 과정에서 코치에게 의존하거나 습관적 변명이나 코치를 반격하는 부정적 전이轉移 반응을 보일 수 있다.

제4장. 실전 코칭과 GROW-candy 모델

글을 마치며

코칭 대화에서 가장 흔하게 이야기하는 대화 모델인 GROW를 시작으로 해서 GROW-candy 대화 모델 이미지를 거쳐 그 응용에 이르기까지 거쳐 왔다. GROW-candy 이미지를 안경테로 보고 다양한 렌즈를 바꿔 활용한다면, 그 끝은 반半구조화를 넘어 비非구조화된 대화가 될 것이다. 코칭 대화에서 일정한 구조나 틀이 없는 자유로운 대화가 그것이다. 고객과 **춤추는 대화, 춤 그 자체로서의 대화**이다.

수련 코치들이 처음 활용하기 위한 안내로 시작해 코칭 대화의 복잡성과 우연성에 대처하는 데까지 온 여정을 두고 너무 큰 비유를 하는 듯하지만 마음은 너무 크다. 마치 트로이 전쟁 후 고향으로 돌아오는 오디세이 이야기가 떠오른다. 지중해를 돌아 고향 이타카로 돌아오는 오디세이는 처음 마을을 떠나기 전 그와는 전혀 다른 사람이다. 마을로 돌아온 그는 이미 지중해라는 방대한 세계를 경험하고 돌아온, 즉 마을 청년 오디세이가 아니라 그 당시 세계를 (경험으로) 품은 오디세이이다. 마찬가지다. 고객과 코칭 대화를 어떻게 하면 손쉽게 이해하고 접근하는가로 시작한 여행이지만 끝에 이르고 보니 코칭 여정 전체를 돌아온 듯하다. 코칭이 무엇이고, 코치와 고객이 나누는 코칭 대화 세계의 일단을 본 듯하다. 이른바 코칭 '대화의 세계'를 품고 있는 GROW-candy 대화 모델이 아닐까.

코칭은 새로운 세계를 함께 만들어 가는 것이고 삶을 새롭게 구성하는 경이로운 작업이다. 이렇기에 코칭 대화 작업은 상호 주관적 특질을 지닌다. 두 사람만이 아니라 함께 하는 공간, 제3의 여백이 주는 어떤 것이 또 있다. 2인 관계 안에서 나누는 등가^{等價}적 대화 과정이라는 시작은 코칭 대화 출생부터 지닌 어떤 비밀을 갖고 있다. GROW-candy 모델이 견지하고 다가가려고 하는 뜻이다. 출발은 안경테와 같은 구조를 주장하지만 이를 딛고 자유로운 내러티브 장^場으로 확대해갈 수 있기를 기대한다.

누구든 코칭 대화를 즐기자. 대화를 찰지게 하고 싶으면 이대로 하면 된다. 이곳에 제시된 길을 따라 이미지를 넣고 질문을 만들고, 자유롭게 렌즈를 바꾸고, 끝내는 안경마저 벗을 수 있다. 코칭은 전문가의 것이 아니다. 코칭의 주체는 고객이다. '코칭 주제와 코치' 이제 이렇게 호명해야 한다.

참고 문헌

- StephenPalmer and Alison Whybrow. (2019) Handbook of Coaching Psychology.『코칭심리학: 실천 연구자를 위한 안내서』강준호, 김태리, 김현화, 신혜인 역. 2024. 한국코칭수퍼비전아카데미
- Max Landsberg. (1996) The Tao of Coaching.『코치 경영의 도』김명렬 역. 2005. 푸른솔
- John Whimort. (2002). Coaching forPerformance. 3rd『성과 향상을 위한 코칭 리더십』김영순 역. 2007. 김영사
- 本間正人. (2006) コーチング入門 日本經濟新聞出版社
- 伊藤守 鈴木義幸 金井壽宏 (2010) コーチング・リーダーシップ. ダイヤモンド社
- Vikki G. Brock, PhD. (2014) Sourcebook ofCoaching History 2nd『코칭의 역사』 김상복 외 역. 2014. 코쿱북스
- 김상복(2017)『코칭 튠업21, ICF 11가지 역량과 MCC』한국코칭수퍼비전아카데미
- Thomas Leonard. (2009) How to Coach Anyone.www. BestofThomas.com
- コーチ・エ(2008) コーチングの基本.『코칭이 답이다』최재호 역. 2013. 올림
- Duke Corporate Education. (2006) Coaching and Feedback for Performance. 『중간관리자의 성과 코칭스킬』박정민, 김용운, 임대열 역. 2009. 이너북스
- Carol Wilson.(2014) Performance Coaching 4th.KoganPage.
- Patrick Williams, Sharon K. Anderson.(2005). Law and ethics in coaching.『코 칭 윤리와 법: 코칭 입문자를 위한 안내』김상복, 우진희 역. 2018. 한국코칭수퍼비 전아카데미
- Michael Eigen. (1999) Toxic nourishment.『독이 든 양분』이재훈 역. 2009. 한국 심리치료연구소
- Hannah Arendt. (1966) Eichmann inJerusalem: Ein Bericht von der Banalitat des Bosen.『예루살렘의 아이히만』김선욱 역. 2006. 한길사

- Johan Huizinga. (1938) Homo Ludens:A Study of the Play Element in Culture. 『호모루덴스』 이종인 역. 2012. 연암서가
- Christopher Bollas. (1987). Theshadow of the Object. 『대상의 그림자』 이재훈이효숙 역. 2006. 한국심리치료연구소
- 『책은 도끼다』 박원웅. 2011. 북하우스
- 『폴정의 코칭 설명서: 국내 최초의 마스터 코치가 전하는 세계 코칭 리더십의 핵심』 폴정. 2009. 아시아코치센터
- Timothy Gallwey. (2000) The Inner Game of Work. 『이너게임』 최명돈 역. 2006. 오즈컨설팅
- Amy Brann (2015) Neurosciencefor Coaches. How to use the latest insights for the benefit of your client. 『뇌를 춤추게 하라: 두뇌기반 코칭 이론과 실제』 최병현, 이혜진 역 2017. 한국코칭수퍼비전아카데미
- J. Thomas Tkach & Joel A. DiGirolamo. International Coaching Psychology Review lVol. 12 No. 1March 2017 「The state and future of coaching supervision」
- Wilfred R. Bion (1962) Learning from Experience. 『경험에서 배우기』 윤순임 역 2012. NUN(눈 출판그룹)
- Donald W. Winnicott. (1984) The maturational Processes and The facilitating Environment. 『성숙과정과 촉진적 환경』 이재훈 역. 2000. 한국심리치료연구소
- 『천 번의 붓질 한 번의 입맞춤-고고학 발굴이야기』, 이건무 외. 2009. 전인진 발행
- Nancy McWilliams. (2004) Psychoanalytic Psychotherapy: A Practitioner's Guide 『정신분석적 심리치료』 권석만 이한주 이순희 역. 2007. 학지사

색인

A
4S 방식 60
beingness 203
doingness 203
GROW의 다양한 변형 40
GRROW 42
havingness 203
Icebreak-GROW 41
RGROW 42
Safe zone-GROW 41
SMART 모델 47
SMART 목표 47
Story-GROW 41
Topic-GROW 41
Warm-GROW 41

ㄱ
가지 않았던 길 64
감춰두었던 목표 247
감춰진 의도 64
개별 맞춤 26

걸림돌 130
경험을 통해 새로운 배움 66
계기 85
고객 자신이 전문가 264
고객과 공모하는 상황 175
고객의 오해 109
고객의 주도성 110
고객이 운전석 62
고고학자로서의 코치 206
고민의 포장지 248
관계 패턴 259
구매 - 판매 관계 20
구조화 14
과정 목표 67
기능하는 삶 91
기대 관리 257
기대와 의도, 감정, 신념, 가치 241
기여 257
기회 개발의 민감성 277
깊이 있는 접촉 251
꿈, 비전, 가치, 의미, 소망 243

ㄴ

나태, 권태감 271
날치 85

ㄷ

다 해결된 느낌 69
다채로운 경이로움 128
답이 다 나온 느낌 69
대약진 목표 230
대화의 유연성 51
더 순도 높은 보물 204
독성을 지닌 인격 90
돌파지점 176
동전의 양면 206
두뇌 패턴과 매칭 시스템 162
등가적 대화 과정 284
등가적 연대 20
디딤돌 130

ㅁ

마술언어 280
말풍선 64
명확하고 간결하게 171
목격자 94
목표 발견 세션 238
목표 세분화 63
목표와 실행 233
문고리 대화 110
미루기와 관련된 목표 248
믿음의 도약 231

ㅂ

반 구조화 14
발돋음 목표 228
발뒤꿈치 목표 161
방어기제 219
방편 85
배수구 137
배움과 변화의 안전 속도 278
밸런스 휠 112
보따리 242
브레인스토밍 52
비구조화 14

ㅅ

사각지대 219
사건 경험 259
사슬의 연쇄 고리 45
상호 신뢰와 믿음 229
상호 파트너로서 코치 65
상황, 사건, 인물, 관계, 사실 241
새로운 경험과 의미의 세계 127
새로운 정의 198
생각과 실행 사이를 단절 276
생각만 하는 고객 275
생태적 조건 133
선 경청 후 질문 265
성과 목표 67
성스러운 공간 111
성찰 공간 88
세 가지 원칙 26
세분화된 첫 행동 172
세션 목표 67

속도를 높이고 각도를 조정　170
손에 쥐고 싶은 결과　63
수박을 통째로 먹을 수 없다　60
숙고해 온 주제　64, 196
스즈키 요시유키　45
습격해 온 과거　250
실천 목표　67
실패에서 찾은 교훈　198
실패하지 않는 환경　136
실행 과제를 실천하는 공간　134

ㅇ

아기 발걸음　226
알고 있었지만 생각해보지 못했던 앎　111
알라딘 요술램프　281
알프레드 아들러　43
엄마의 감탄　230
여덟 가지 주제　112
여정을 함께 하는 코치　65
열정　196
영감을 자극하는 공간　137
옹이처럼 박혀 있는 목표　248
욕망, 필요, 원함, 고픔　243
원하는 세계　87
위험스러운 영역　229
의외의 게으름　271
이중 관계　20
인간 잠재력 회복　43
인디언의 영성 철학　267
인생 대본　260
인식의 껍질　248
일대일 맞춤　197

일반 대화와 코칭 대화　19
일어설 수 있는 근육　227
임시적 상승　232

ㅈ

자기 날개짓　230
자기 문제 전문가　197
자기 안에 있는 것　109
자기-지시적 신경 가소성　162
작은 변화와 그 진동　108
잔돌 같은 작은 장애물　227
재의탁보배　110
적절성　133
적절한 격려　43
전력 질주　232
정답 자판기　275
정기 목표　52
정기성　26
정원사　107
제3의 여백　284
조건 - 상황 - 좌표 - 차이　126
주저나 우려　132
즐겁게 놀이하는 기분　111
증언자　94
지금-여기　65
지속성　26
지속적 성공　232
직관적으로 내려다 보게　113
진실추구 욕망　195
질문+눈빛　15
질문+몸짓언어　15
질문+톤　15

질문+표정주름　15
질문과 질문 사이　61

ㅊ

촉진자로서의 코치　277
최고의 나　128
최적의 격려　64
최종 목표　67
최종적인 결정권　62
최하위 밑바닥 리그　165
춤추는 대화　283

ㅋ

캐롤 윌슨　53
코치의 주저함　66
코칭의 꽃　136

ㅌ

통과 목표　228

ㅍ

파이 한 조각　125
페이스메이커　135, 170, 232

ㅎ

해결책에 초점　175
해야만 할 일　251
현대 코칭　195
현실 인식　42
현실과 과제 사이의 차이　44
현실을 지속적으로 재구성　86
현재 감정 느끼기　89
홀로 있는 힘　229
효과적인 목표　162

1판 발행사

'내가 그의 이름을 불렀을 때 그는 나에게로 와서 꽃이 되었다.' 김춘수님의 「꽃」이라는 시처럼, 공식처럼 이해하던 모델에 GROW-candy라는 이름을 붙이니 더 의미 있는 모델로 다가온다. 일반 대화와 코칭 대화의 차이는 대화 모델의 유무이다. 일반적으로 코칭 대화에서 가장 많이 사용되는 대화 모델이 성장 모델인 GROW 모델이다. 그리고 그 대화 모델을 이미지로 만들어 새롭게 정의한 모델이 'GROW-candy' 모델이다. 이 모델을 처음 접했을 때 '아하!' 했던 기억이 아직도 생생하다. 공식처럼 이해했던 대화 모델이 실제 코칭 상황에서 어떻게 적용되는시가 한눈에 보였기 때문이다. 시각적 이미지가 기억에 강하게 남아서인지 코칭 대화 때에 GROW-candy 모델을 적용하면서 내가 어디쯤을 탐색하고 있는지 스스로 자각할 수 있었다.

실제 코칭을 하다보면 코치가 공부하고 연습했던 것처럼 코칭 대화 모델에 따라 단계를 구별하며 순서대로 질문을 하도록 대화가 흘러가지는 않는다. 대화 기반이다 보니 상호 작용에 따라 흐름이 바뀔 수도 있다. 단계별 순서가 바뀌기도 하고, 되돌아 가기도 하고, 한 단계에 오래 머물며 깊이 있는 탐색이 필요하기도 하다. 그러다 보면 어느 순간 코치도 길을 잃기 쉽다. 그래서 필요한 것이 코칭 대화 모델이다. GROW-candy 대화 모델의 시각화된 도형을 기억하면 세션에서 조금 더 빠르게 적용할 수 있어 코치 스스로도 자가 점검하며 코칭을 하는 데에 도움이 된다.

책에서 소개가 되지만 GROW-candy 모델은 상당히 철학적인 모델이고, 현장에서의 일대일 코칭 경험과 깊이가 배어있는 모델이다. 오랜 기간 코칭을 하면서 끊임없이 연구하고, 치열하게 고민하며 발전시켜온 저자의 결과물이기도 하다. 이런 귀한 자료를 아낌없이 나누는 것에 감사한다. 아마 뒤따르는 코치들이 조금 더 닦여진 길로 가기를 바라는 소망이 담겨 있지 않을까 감히 생각해 본다.

코칭은 마치 공을 주고받듯이 질문과 대답으로 이루어진 대화이다. 처음 코칭을 시작할 때에는 대화 모델에 맞춰 차근 차근 각 단계에 맞춰 질문을 연습하는 것이 필요하다. 이 모델이 몸에 익으면, 저마다 경험을 쌓아가면서 아마 더 새로운 각자의 대화 모델을 만들어 갈 것으로 기대한다.

개인적으로 '코칭 AtoZ' 시리즈에 참여할 수 있어서, 특히 첫 번째 책이 출간되는 순간에 함께 있을 수 있어서 영광이다. 저자의 귀한 걸음을 종종걸음으로나마 따를 수 있어 또한 기쁘다. 책에다 최대한 많은 것을 쏟아내고, 계속 새로운 도전을 하도록 긍정의 자극을 주는 저자를 응원하는 마음이다. 코치 개인의 임상 경험과 문제 의식을 정리하며 앞으로 나아가고자 하는 소망에 이렇게 저렇게 함께 걷는 코치들이 많아지면 새로운 길이 생길 터, 많은 코치들이 함께 걸어가고 싶은 마음에 첫 발행사를 감당했다.

2018년 5월 24일
분주함이 가라앉은 늦은 밤에
코치 김현주

저자: 김상복

newlifecreator@gmail.com
한국코칭수퍼비전아카데미 supervision.co.kr 대표
한국코칭협회(KSC_2011), 국제코칭연맹(PCC_2012) 코치
일대일/그룹 코칭수퍼비전
수퍼비전 영역: 역량 강화, 고객 분석과 코칭 기획, 코칭 프로그램과 코칭 마케팅 개발
전문 수퍼바이저 양성을 위한 수퍼비전 스쿨 운영
코칭 전문서적 출판사 coachingbooks.co.kr 운영
한국코칭협회 '올해의 코치'(2013)

저서: 『코칭 튠업 21』(2017), 『누구나 할 수 있는 코칭 대화 모델』(2018), 『첫고객·첫세션 어떻게 할 것인가』(2019)

번역: 『정신역동과 임원코칭』(2019), 『10가지 코칭 주제와 사례 연구』(2022), 『코칭과 정신건강 가이드; 코칭에서 심리적 과제 다루기』(2022), 『정신역동 코칭: 30가지 고유한 특징』(2023), 『트라우마와 정신분석적 어프로치』(2023), 『101가지 코칭수퍼비전 기법과 실험』(2024 예정)

공역: 『코칭 수퍼비전』(2014), 『코칭 윤리와 법』(2018), 『코칭·컨설팅 수퍼비전의 관계적 접근』(2019), 『수퍼비전: 조력 전문가를 위한 일곱 눈 모델』(2019), 『코치 앤 카우치』(2020), 『정신역동 마음챙김 리더십』(2021), 『정신분석심리치료의 기본과 실천』(2021)

GROW-
candy
model

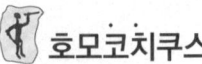
호모코치쿠스

코칭 튠업 21
: ICF 11가지 핵심 역량과 MCC 역량

김상복 지음

뇌를 춤추게 하라
: 두뇌 기반 코칭 이론과 실제
Neuroscience for Coaching

에이미 브랜 지음
최병현, 이혜진 옮김

마음챙김 코칭
: 지금-여기-순간-존재-하기
Mindful Coaching

리즈 홀 지음
최병현, 이혜진, 김성익, 박진수 옮김

코칭 윤리와 법
: 코칭입문자를 위한 안내
Law & Ethics in Coaching

패트릭 윌리암스, 샤론 앤더슨 지음
김상복, 우진희 옮김

조직을 변화시키는 코칭 문화
How to create a coaching culture

질리안 존스, 로 고렐 지음
최병현, 이혜진 외 옮김

내러티브 상호협력 코칭
: 3세대 코칭 방법론
A Guide to Third Generation Coaching:
Narrative-Collaborative Theory and Practice

라인하드 스텔터 지음
최병현, 이혜진 옮김

임원코칭의 블랙박스
Tricky Coaching

맨프레드 F. R. 케츠 드 브리스 외 편집
한숙기 옮김

마스터 코치의 10가지 중심 이론
Mastery in Coaching

조나단 패스모어 편집
김선숙, 김윤하 외 옮김

코칭·컨설팅
수퍼비전의 관계적 접근
Supervision in Action

에릭 드 한 지음
김상복, 조선경, 최병현 옮김

정신역동과 임원코칭
: 현대 정신분석 코칭의 기초1
Executive Coaching:
A Psychodynamic Approach

캐서린 샌들러 지음
김상복 옮김

수퍼비전
: 조력 전문가를 위한 일곱 눈 모델
Supervision in the Helping Professions

피터 호킨스, 로빈 쇼헤트 지음
이신애, 김상복 옮김

코칭 프레즌스
: 코칭개입에서 의식과 자각의 형성
Coaching Presence: Building Consciousness
and Awareness in Coaching Interventions

마리아 일리프 우드 지음
김혜연 옮김

멘탈력
정신적 강인함에 대한 최초의 이론적 접근
Developing Mental Toughness: Coaching strategies to improve performance, resilience and wellbeing

더그 스트리챠직, 피터 클러프 지음
안병욱, 이민경 옮김

코치 앤 카우치
Coach and Couch

맨프레드 F.R. 케츠 드 브리스 외 지음
조선경, 이희상, 김상복 옮김

리더의 정치학
: 조직개혁과 시대전환을 위한 창발 리더십 모델
Leading Change: How Successful Leaders Approach Change Management

폴 로렌스 지음
최병현, 윤상진, 이종학, 김태훈, 권영미 옮김

고용 가능성
고용+가능성 업그레이드 전략
Developing Employability and Enterprise: Coaching Strategies for Success in the Workplace

더그 스트리챠직, 샬롯 보즈워스 지음
조현수, 최현수 옮김

게슈탈트 코칭
바로 지금 여기
Gestalt Coaching: Right here, right now

피터 브루커트 지음
임기용, 이종광, 고나영 옮김

강점 기반 리더십 코칭
: 조직 내 긍정적 리더십 개발을 위한 가이드
Strength_based leadership Coaching in Organization An Evidence based guide to positive leadership development

덕 매키 지음
김소정 옮김

영화, 심리학과 라이프 코칭의 거울
The Cinematic Mirror for Psychology and Life Coaching

메리 뱅크스 그레거슨 편저
앤디 황, 이신애 옮김

영웅의 여정
자기 발견을 위한 NLP 코칭
The Hero's Journey: A voyage of self-discovery

스테판 길리건, 로버트 딜츠 지음
나성재 옮김

VUCA 시대의 조직 문화와 피어코칭
Peer Coaching at Work

폴리 파커, 팀 홀, 캐시 크램, 일레인 와서먼 지음
최동하, 윤경희, 이현정 옮김

정신역동 마음챙김 리더십
: 내면으로의 여정과 코칭
Mindful Leadership Coaching : Journeys into the interior

맨프레드 F.R. 케츠 드 브리스 지음
김상복, 최병현, 이혜진 옮김

실존주의 코칭 입문
: 알아차림·용기·주도적 삶을 위한 철학적 접근
An Introduction to Existential Coaching

야닉 제이콥 지음
박신후 옮김

공감으로 완성하는 코칭
: 평범함에서 탁월함으로
Coaching with Empathy.

앤 브록뱅크, 이안 맥길 지음
김소영 옮김

내러티브 코칭
: 새 스토리의 삶을 위한 확실한 가이드
Narrative Coaching: The Definitive Guide to Bringing New Stories to Lif

데이비드 드레이크 지음
김상복, 김혜연, 서정미 옮김

ADHD 코칭
: 정신건강 전문가를 위한 가이드
ADHD Coaching: A Guide for Mental Health Professionals

프란시스 프레벳, 아비가일 레브리니 지음
문은영, 박한나, 가요한 옮김

시스템 코칭
: 개인을 넘어 가치로
Systemic Coaching: Delivering Value Beyond the Individual

피터 호킨스, 이브 터너 지음
최은주 옮김

글로벌 코치 되기
: 코칭 역량과 ICF 필수 가이드
Becoming a Coach

조나단 페스모어, 트레이시 싱클레어 지음
김상학 옮김

시스템 코칭과 컨스텔레이션
개인, 팀 및 그룹에 대한 원칙, 실천 및 적용
Systemic Coaching & Consitellations

존 휘팅턴 지음
가향순, 문현숙, 임정희, 홍삼렬, 홍승지 옮김

10가지 코칭 주제와 사례 연구
: 20개 사례, 40개 논평, 720개 주석, 19개 실습 사례
Complex Situations in Coaching

디마 루이스, 폴린 파티엔 디오송 지음
김상복 옮김

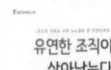
유연한 조직이 살아남는다
포스트 코로나 시대
뉴노멀이 된 유연근무제
Flexible Working

젬마 데일 지음
최병현, 윤재훈 옮김

인지행동 코칭
: 30가지 고유한 특징
Cognitive Behavioural Coaching: Distinctive Features

마이클 니난 지음
엘리 홍 옮김

쿼바디스
: 팬데믹 시대, 죽음과 리더의 실존적 도전
QUO VADIS?: The Existential Challenges of Leaders

맨프레드 F. R. 케츠 드 브리스 지음
고태현 옮김

코칭과 트라우마
: 생존 자기를 넘어 나아가기
Coacjing and Trauma

줄리아 본 스미스 지음
이명진, 이세민 옮김

단일 회기 코칭과 비연속 일회성 코칭
: 30가지 고유한 특징
Single-Session Coaching and One-At-A-Time Coaching: Distinctive Features

윈디 드라이덴 지음
남기웅, 안재은 옮김

리더십 팀 코칭
: 변혁적 팀 리더십 개발을 넘어
Leadership Team Coaching

피터 호킨스 지음
강하룡, 박정화, 박준혁, 윤선동 옮김

코칭과 정신 건강 가이드
: 코칭에서 심리적 과제 다루기
A Guide to Coaching and Mental Health:
The Recognition and Management of Psychological Issues

앤드류 버클리, 캐롤 버클리 지음
김상복 옮김

팀 코칭 이론과 실천
팀을 넘어 위대함으로
The Practitioner's handbook of TEAM COACHING

데이비드 클러터벅, 주디 개넌 편집
강하룡, 박순천, 박정화, 박준혁,
우성희, 윤선동, 최미숙 옮김

리더의 속살
: 추악함, 사악함, 기괴함에 관한 글
Leadership Unhinged: Essays on the Ugly, the Bad, and the Weird

맨프레드 F. R. 케츠 드 브리스 지음
강준호 옮김

생의 마지막 여정을 돕는
웰다잉 코칭
Coaching at End of Life

돈 아이젠하워, J. 발 헤이스팅 지음
정익구 옮김

정신역동 코칭
: 30가지 고유한 특징
– 현대 정신분석 코칭의 기초2
Psychodynamic Coaching: Distinctive Features

클라우디아 나겔 지음
김상복 옮김

리더의 일상적 위협
: 모래 늪에서 허우적거릴 때 살아남는 방법
The Daily Perils of Executive Life: How to Survive When Dancing on Quicksand

맨프레드 F. R. 케츠 드 브리스 지음
고태현 옮김

경영자의 마음
: 리더십, 인생, 변화에 대한 명상록
The CEO Whisperer: Meditations on Leadership, Life, and Change

맨프레드 F. R. 케츠 드 브리스 지음
강준호 옮김

리더십 팀 코칭 프랙티스(3판)
: 매우 효과적인 팀을 만드는 사례 연구
Leadership Team Coaching in Practice:
Case studies on creating highly effective teams

피터 호킨스 편저
강하룡, 박정화, 윤선동, 최미숙 옮김

코칭심리학(2판)
실천연구자를 위한 안내서
Handbook of Coaching Psychology

스티븐 팔머, 앨리스 와이브로우 편저
강준호, 김태리, 김현화, 신혜인 옮김

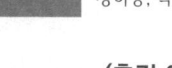
(출간 예정)

수퍼바이지와 수퍼비전
: 수퍼비전을 위한 가이드
Being Supervised A Guide for Supervision

에릭 드 한, 윌레민 레구인 지음
한경미, 박미영, 신혜인 옮김

코칭수퍼비전의 이론과 모색
Coaching and Mentoring Supervision:
Theory and Practice

타티아나 바흐키로바, 피터 잭슨,
데이빗 클러터벅 편저
김상복, 최병현 옮김

인지행동 기반 라이프코칭
Life Coaching: A Cognitive behavioural approach

마이클 니난, 윈디 드라이덴 지음
정익구 옮김

현대 코칭의 이론과 실천
The SAGE Handbook of Coaching

타티아니 바흐키로바, 고든 스펜스,
데이비드 드레이크 편저
김상복, 윤순옥, 한민아, 한선희 옮김

정신역동 코칭의 이해와 활용
: 현대 정신분석 코칭의 기초 2
Psychodynamic Coaching: focus & depth

울라 샤룻데 벡 지음
김상복 옮김

임원코칭
: 시스템 – 정신역동 관점
– 현대 정신분석 코칭의 기초 3
Executive coaching: System-psychodynamic persfective

하리나 버닝 편집
김상복 옮김

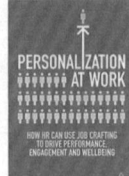
잡크레프팅
Persnalization at Work

롭 베이커 지음
김현주 옮김

팀 코치 되기
: 팀 코칭 가이드
Coaching the Team at Work: The definitive guide to team coaching

데이비드 클러터벅 지음
아시아상담코칭학회 옮김

팀 코칭 도구 모음
: 55가지 도구와 기술
The Team Coaching Toolkit: 55 Tools and Techniques for Building Brilliant Teams

토니 르웰린 지음
박순천, 박정화, 윤선동 옮김

팀 코칭 사례연구
The Team Coaching Casebook

데이비드 클러터벅, 타미 터너 외 지음
박순천, 박정화, 우성희, 윤선동 옮김

관계 중심 팀 코칭
Relational Team Coaching

에릭 드한, 도로시 스토펠시 편저
김현주, 박정화, 윤선동, 이서우 옮김

해결 중심 팀 코칭
Solution Focused Team Coaching

커스틴 디롤프, 크리스티나 뷜, 카를로
페르페토, 라팔 스자니아프스키 지음
김현주, 이서우, 정혜선, 허영숙 옮김

호모스피릿쿠스

나르시시스트와 직장생활하기
Narcissism at Work: Personality Disorders of Corporate Leaders

마리 린느 제르맹 지음
문은영, 가요한 옮김

정신분석 심리치료의 기본과 실천
: 정신분석·지지적 심리치료와의 차이

아가쯔마 소우 지음
최영은, 김상복 옮김

조력 전문가를 위한 공감적 경청
共感的傾聽術
:精神分析的に"聽く"力を高める

고미야 노보루 지음
이주윤 옮김

코로나 시대의 정신분석적 임상
'만남'의 상실과 회복
コロナと精神分析の臨床

오기모토 카이, 키타야마 오사무 편집
최영은, 김태리 옮김

트라우마와 정신분석적 '접근'
핵심 이론과 일곱 가지 사례
トラウマの精神分析的アプローチ

마쓰기 구니히로 편집
김상복 옮김

라캉 정신분석 치료
이론과 실천의 교차점
ラカン派精神分析の治療論

아가사가 가즈야 지음
김상복 옮김

코칭 하이브리드

영화처럼 리더처럼
: 크고 작은 시민리더 이야기

최병현, 김태훈, 이종학,
윤상진, 권영미 지음

마음챙김 코칭
: WHO에서 실행까지
Mindfulness Coaching: Have Transformational Coaching Conversations and Cultivate Coaching Skills Mastery

사티암 베로니카 찰머스 지음
김종성, 남귄희, 오효성 옮김

사랑하는 사람의 상실로
슬픈 나를 위한 셀프 코칭
슬픈 나를 위한 코칭

돈 아이젠하워 지음
안병욱, 이민경 옮김

고통의 틈 속에서 아름다움 찾아내기
: 슬픔과 미망인의 여정에 대한 회고

펠리시아 G Y 램 지음
강준호 옮김

코칭 A to Z

누구나 할 수 있는 코칭 대화 모델
: GROW_candy 모델 이해와 활용

김상복 지음

세상의 모든 질문
: 아하에서 이크까지, 질문적 사고와 질문 공장

김현주 지음

첫 고객·첫 세션 어떻게 할 것인가
(1) 윤리적 가이드라인과 전문가 기준에 의한 고객 만남
(2) 코칭 계약과 코칭 동의 수립하기

김상복 지음

코칭방법론
: 조직 운영과 성과 리더십 향상을 돕는 효과성 코칭의 틀

이석재 지음

코치 100% 활용하는 법
: 코칭을 만난 당신에게

김현주, 박종석, 박현진, 변익상, 이서우, 정익구, 한성지 지음

실전 코칭 운영과 코칭 스킬
: capability, skill, narrative

김상복 지음

코쿱북스

코칭의 역사
Sourcebook Coaching History

비키 브록 지음
김경화, 김상복 외 15명 옮김

101가지 코칭의 전략과 기술
: 젊은 코치의 필수 핸드북
101 Coaching Strategies and Technique

글래디나 맥마흔, 앤 아처 지음
김민영, 한성지 옮김

리더십을 위한 코칭
Coaching for Leadership

마샬 골드 스미스, 로렌스 라이언스 외 지음
고태현 옮김

집필자 모집

- 멘토링 기반 코칭 방안과 사례 연구
- 컨설팅 기반 코칭 방안과 사례 연구
- 조직개발 코칭 방안과 사례 연구
- 시네마 코칭 이론과 실천 방안 연구
- 정서 다루기와 감정 관리 코칭 및 사례 연구
- 코칭 장場 field · 공간과 침묵
- 라이프 코칭 핵심 과제와 사례 연구(청년 및 중년)
- 커리어 코칭 핵심 과제와 사례 연구(청년 및 중년)
- 노년기 대상 라이프 코칭 방안과 사례 연구
- 비혼 · 혼삶 라이프 코칭 방안과 사례 연구
- 부모 리더십 코칭과 사례 연구(양육자 연령별)
- 코칭 이론 기반 코칭 방안과 사례
- 커플 코칭 방안과 사례 연구
- 실전 코칭 시리즈

▣ 동일 주제라도 코칭 대상과 방식, 코칭 이론별 집필이 가능합니다.
▣ 최소 기준 A4 기준 80페이지 이상. 코칭 이론과 임상 경험 집필 권장합니다.
▣ 편집위원회와 관련 전문가 심사로 선정됩니다.
▣ 선정 원고는 인세를 지급하며, 무료로 출판합니다.

누구나 할 수 있는 코칭 대화 모델
: GROW-candy 모델 이해와 활용
ⓒ 한국코칭수퍼비전아카데미 2018

초판 1쇄 발행　　　2018년 6월 30일
개정판 1쇄 발행　　2024년 3월 29일

펴낸이　　｜　김상복
지은이　　｜　김상복
편　집　　｜　정익구
디자인　　｜　이상진
제작처　　｜　비전팩토리
펴낸곳　　｜　한국코칭수퍼비전아카데미
출판등록　｜　2017년 3월 28일 제2018-000274호
주　소　　｜　서울시 마포구 포은로 8길 8. 1005호
문의전화 (영업/도서 주문)
　　　　　전화　｜　050-7791-2333
　　　　　메일　｜　jyg9921@naver.com
　　　　　편집　｜　hellojisan@gmail.com
www.coachingbooks.co.kr
www.facebook.com/coachingbookshop

ISBN 979-11-89736-49-1 (03180)
책값은 뒤표지에 있습니다.

코칭북스는 한국코칭수퍼비전아카데미의 코칭 전문 브랜드입니다.